Dr. Reinhard Marx
Rechtsanwalt

Asylrecht

Asylverfahrensgesetz mit Anhang
Ausländergesetz

Ergänzungsband

Band 4 – Stand: September 1993

Nomos Verlagsgesellschaft
Baden-Baden

Die Deutsche Bibliothek – CIP-Einheitsaufnahme

Asylrecht / Reinhard Marx. – Baden-Baden: Nomos Verl.-Ges.
Teilw. u.d.T.: Asylrecht und Menschenrechte. – Literaturangaben
  3. Aufl. u.d.T.: Ausländergesetz, Asylverfahrensgesetz
  ISBN 3-7890-1009-X
NE: Marx, Reinhard [Hrsg.]; Asylrecht und Menschenrechte
Bd. 4. Asylverfahrensgesetz mit Anhang Ausländergesetz. – 2. Aufl.,
  Stand: September 1993. – 1993
  ISBN 3-7890-3166-6

2. Auflage 1993
© 1993 Nomos Verlagsgesellschaft mbH & Co. Kommanditgesellschaft, Baden-Baden. Alle Rechte, auch die des Nachdrucks von Auszügen, der photomechanischen Wiedergabe und der Übersetzung vorbehalten. Printed in Germany.

Inhaltsverzeichnis

		Seite
1.	Grundgesetz für die Bundesrepublik Deutschland Vom 23. Mai 1949 (BGBl. S. 1) zuletzt geändert durch Änderungsgesetz vom 28. Juni 1993 (BGBl. I S. 1002) (Auszug)	7
2.	Asylverfahrensgesetz (AsylVfG) Vom 26. Juni 1992 (BGBl. I S. 1126) in der Fassung der Bekanntmachung vom 27. Juli 1993 (BGBl. I S. 1361), geändert durch Fünftes Gesetz zur Änderung des Gesetzes über das Bundesverfassungsgericht Vom 2. August 1993 (BGBl. I S. 1442)	9
3.	Gesetz über die Einreise und den Aufenthalt von Ausländern im Bundesgebiet (Ausländergesetz – AuslG) Vom 9. Juli 1990 (BGBl. I S. 1354), (BGBl. III 26-6) zuletzt geändert durch Gesetz zur Neuregelung des Asylverfahrens vom 26. Juni 1992 (BGBl. I S. 1126)	65

1. Grundgesetz

1. Grundgesetz für die Bundesrepublik Deutschland

Vom 23. Mai 1949 (BGB. I S. 1)
zuletzt geändert durch Änderungsgesetz vom 28. Juni 1993 (BGBl. I S. 1002)

(Auszug)

Artikel 16 a [Asylrecht]

(1) Politisch Verfolgte genießen Asylrecht.
(2) Auf Absatz 1 kann sich nicht berufen, wer aus einem Mitgliedstaat der Europäischen Gemeinschaften oder aus einem anderen Drittstaat einreist, in dem die Anwendung des Abkommens über die Rechtsstellung der Flüchtlinge und der Konvention zum Schutze der Menschenrechte und Grundfreiheiten sichergestellt ist. Die Staaten außerhalb der Europäischen Gemeinschaften, auf die die Voraussetzungen des Satzes 1 zutreffen, werden durch Gesetz, das der Zustimmung des Bundesrates bedarf, bestimmt. In den Fällen des Satzes 1 können aufenthaltsbeendende Maßnahmen unabhängig von einem hiergegen eingelegten Rechtsbehelf vollzogen werden.
(3) Durch Gesetz, das der Zustimmung des Bundesrates bedarf, können Staaten bestimmt werden, bei denen auf Grund der Rechtslage, der Rechtsanwendung und der allgemeinen politischen Verhältnisse gewährleistet erscheint, daß dort weder politische Verfolgung noch unmenschliche oder erniedrigende Bestrafung oder Behandlung stattfindet. Es wird vermutet, daß ein Ausländer aus einem solchen Staat nicht verfolgt wird, solange er nicht Tatsachen vorträgt, die die Annahme begründen, daß er entgegen dieser Vermutung politisch verfolgt wird.
(4) Die Vollziehung aufenthaltsbeendender Maßnahmen wird in den Fällen des Absatzes 3 und in anderen Fällen, die offensichtlich unbegründet sind oder als offensichtlich unbegründet gelten, durch das Gericht nur ausgesetzt, wenn ernstliche Zweifel an der Rechtmäßigkeit der Maßnahme bestehen; der Prüfungsumfang kann eingeschränkt werden und verspätetes Vorbringen unberücksichtigt bleiben. Das Nähere ist durch Gesetz zu bestimmen.
(5) Die Absätze 1 bis 4 stehen völkerrechtlichen Verträgen von Mitgliedstaaten der Europäischen Gemeinschaften untereinander und mit dritten Staaten nicht entgegen, die unter Beachtung der Verpflichtungen aus dem Abkommen über die Rechtsstellung der Flüchtlinge und der

Grundgesetz 1.

Konvention zum Schutze der Menschenrechte und Grundfreiheiten, deren Anwendung in den Vertragsstaaten sichergestellt sein muß, Zuständigkeitsregelungen für die Prüfung von Asylbegehren einschließlich der gegenseitigen Anerkennung von Asylentscheidungen treffen.

2. Asylverfahrensgesetz (AsylVfG)

Vom 26. Juni 1992 (BGBl. I S. 1126)
in der Fassung der Bekanntmachung vom 27. Juli 1993 (BGBl. I S. 1361)[1]
(BGBl. III 26-7); geändert durch Fünftes Gesetz zur Änderung des Gesetzes über das Bundesverfassungsgericht
Vom 2. August 1993 (BGBl. I S. 1442)

Inhaltsübersicht

Erster Abschnitt
Allgemeine Bestimmungen

§ 1	Geltungsbereich
§ 2	Rechtsstellung Asylberechtigter
§ 3	Rechtsstellung sonstiger politisch Verfolgter
§ 4	Verbindlichkeit asylrechtlicher Entscheidungen
§ 5	Bundesamt
§ 6	Bundesbeauftragter
§ 7	Erhebung personenbezogener Daten
§ 8	Übermittlung personenbezogener Daten
§ 9	Hoher Flüchtlingskommissar der Vereinten Nationen

---

[1] **Bekanntmachung der Neufassung des Asylverfahrensgesetzes**

Vom 27. Juli 1993

Auf Grund des Artikels 5 des Gesetzes zur Änderung asylverfahrens-, ausländer- und staatsangehörigkeitsrechtlicher Vorschriften vom 30. Juni 1993 (BGBl. I S. 1062) wird nachstehend der Wortlaut des Asylverfahrensgesetzes in der seit dem 1. Juli 1993 geltenden Fassung bekanntgemacht. Die Neufassung berücksichtigt:
1. das am 1. Juli 1992 in Kraft getretene Asylverfahrensgesetz vom 26. Juni 1992 (BGBl. I S. 1126),
2. die Bekanntmachung des Asylverfahrensgesetzes in der bis zum 31. März 1993 anzuwendenden Fassung vom 9. Oktober 1992 (BGBl. I S. 1733) und
3. den am 1. Juli 1993 in Kraft getretenen Artikel 1 des eingangs genannten Gesetzes.

Der Bundesminister des Innern

§ 10   Zustellungsvorschriften
§ 11   Ausschluß des Widerspruchs

Zweiter Abschnitt
Asylverfahren

Erster Unterabschnitt
Allgemeine Verfahrensvorschriften

§ 12   Handlungsfähigkeit Minderjähriger
§ 13   Asylantrag
§ 14   Antragstellung
§ 15   Allgemeine Mitwirkungspflichten
§ 16   Sicherung der Identität
§ 17   Sprachmittler

Zweiter Unterabschnitt
Einleitung des Asylverfahrens

§ 18   Aufgaben der Grenzbehörde
§ 18 a   Verfahren bei Einreise auf dem Luftwege
§ 19   Aufgaben der Ausländerbehörde und der Polizei
§ 20   Weiterleitung an eine Aufnahmeeinrichtung
§ 21   Verwahrung und Weitergabe von Unterlagen
§ 22   Meldepflicht
§ 22 a   Übernahme zur Durchführung eines Asylverfahrens

Dritter Unterabschnitt
Verfahren beim Bundesamt

§ 23   Antragstellung bei der Außenstelle
§ 24   Pflichten des Bundesamtes
§ 25   Anhörung
§ 26   Familienasyl
§ 26 a   Sichere Drittstaaten
§ 27   Anderweitige Sicherheit vor Verfolgung
§ 28   Nachfluchttatbestände
§ 29   Unbeachtliche Asylanträge
§ 29 a   Sicherer Herkunftsstaat
§ 30   Offensichtlich unbegründete Asylanträge

2. AsylVfG

§ 31	Entscheidung des Bundesamtes über Asylanträge
§ 32	Entscheidung bei Antragsrücknahme
§ 32 a	Ruhen des Verfahrens
§ 33	Nichtbetreiben des Verfahrens

Vierter Unterabschnitt
Aufenthaltsbeendigung

§ 34	Abschiebungsandrohung
§ 34 a	Abschiebungsanordnung
§ 35	Abschiebungsandrohung bei Unbeachtlichkeit des Asylantrages
§ 36	Verfahren bei Unbeachtlichkeit und offensichtlicher Unbegründetheit
§ 37	Weiteres Verfahren bei stattgebender gerichtlicher Entscheidung
§ 38	Ausreisefrist bei sonstiger Ablehnung und bei Rücknahme des Asylantrages
§ 39	Abschiebungsandrohung nach Aufhebung der Anerkennung
§ 40	Unterrichtung der Ausländerbehörde
§ 41	Gesetzliche Duldung
§ 42	Bindungswirkung ausländerrechtlicher Entscheidungen
§ 43	Vollziehbarkeit und Aussetzung der Abschiebung
§ 43 a	Aussetzung der Abschiebung durch das Bundesamt
§ 43 b	Paßbeschaffung

Dritter Abschnitt
Unterbringung und Verteilung

§ 44	Schaffung und Unterhaltung von Aufnahmeeinrichtungen
§ 45	Aufnahmequoten
§ 46	Bestimmung der zuständigen Aufnahmeeinrichtung
§ 47	Aufenthalt in Aufnahmeeinrichtungen
§ 48	Beendigung der Verpflichtung, in einer Aufnahmeeinrichtung zu wohnen
§ 49	Entlassung aus der Aufnahmeeinrichtung
§ 50	Landesinterne Verteilung
§ 51	Länderübergreifende Verteilung
§ 52	Quotenanrechnung

§ 53   Unterbringung in Gemeinschaftsunterkünften
§ 54   Unterrichtung des Bundesamtes

Vierter Abschnitt
Recht des Aufenthalts

Erster Unterabschnitt
Aufenthalt während des Asylverfahrens

§ 55   Aufenthaltsgestattung
§ 56   Räumliche Beschränkung
§ 57   Verlassen des Aufenthaltsbereichs einer Aufnahmeeinrichtung
§ 58   Verlassen eines zugewiesenen Aufenthaltsbereichs
§ 59   Durchsetzung der räumlichen Beschränkung
§ 60   Auflagen
§ 61   Erwerbstätigkeit
§ 62   Gesundheitsuntersuchung
§ 63   Bescheinigung über die Aufenthaltsgestattung
§ 64   Ausweispflicht
§ 65   Herausgabe des Passes
§ 66   Ausschreibung zur Aufenthaltsermittlung
§ 67   Erlöschen der Aufenthaltsgestattung

Zweiter Unterabschnitt
Aufenthalt nach Abschluß des Asylverfahrens

§ 68   Aufenthaltserlaubnis
§ 69   Wiederkehr eines Asylberechtigten
§ 70   Aufenthaltsbefugnis

Fünfter Abschnitt
Folgeantrag, Zweitantrag

§ 71   Folgeantrag
§ 71 a Zweitantrag

Sechster Abschnitt
Erlöschen der Rechtsstellung

§ 72   Erlöschen
§ 73   Widerruf und Rücknahme

2. AsylVfG

Siebenter Abschnitt
Gerichtsverfahren

§ 74	Klagefrist; Zurückweisung verspäteten Vorbringens
§ 75	Aufschiebende Wirkung der Klage
§ 76	Einzelrichter
§ 77	Entscheidung des Gerichts
§ 78	Rechtsmittel
§ 79	Besondere Vorschriften für das Berufungsverfahren
§ 80	Ausschluß der Beschwerde
§ 80 a	Ruhen des Verfahrens
§ 81	Nichtbetreiben des Verfahrens
§ 82	Akteneinsicht in Verfahren des vorläufigen Rechtsschutzes
§ 83	Besondere Spruchkörper
§ 83 a	Unterrichtung der Ausländerbehörde
§ 83 b	Gerichtskosten, Gegenstandswert

Achter Abschnitt
Straf- und Bußgeldvorschriften

§ 84	Verleitung zur mißbräuchlichen Antragstellung
§ 85	Sonstige Straftaten
§ 86	Bußgeldvorschriften

Neunter Abschnitt
Übergangs- und Schlußvorschriften

§ 87	Übergangsvorschriften
§ 87 a	Übergangsvorschriften aus Anlaß der am 1. Juli 1993 in Kraft getretenen Änderungen
§ 88	Verordnungsermächtigungen
§ 89	Einschränkung von Grundrechten
§ 90	Allgemeine Verwaltungsvorschriften

Erster Abschnitt
Allgemeine Bestimmungen

§ 1 Geltungsbereich

(1) Dieses Gesetz gilt für Ausländer, die Schutz als politisch Verfolgte nach Artikel 16 a Abs. 1 des Grundgesetzes oder Schutz vor Abschiebung oder einer sonstigen Rückführung in einen Staat beantragen, in dem ihnen die in § 51 Abs. 1 des Ausländergesetzes bezeichneten Gefahren drohen.
(2) Dieses Gesetz gilt nicht
1. für heimatlose Ausländer im Sinne des Gesetzes über die Rechtsstellung heimatloser Ausländer im Bundesgebiet in der im Bundesgesetzblatt Teil III, Gliederungsnummer 243-1, veröffentlichten bereinigten Fassung, zuletzt geändert durch Artikel 4 des Gesetzes vom 9. Juli 1990 (BGBl. I S. 1354),
2. für Ausländer im Sinne des Gesetzes über Maßnahmen für im Rahmen humanitärer Hilfsaktionen aufgenommene Flüchtlinge vom 22. Juli 1980 (BGBl. I S. 1057), zuletzt geändert durch Artikel 5 des Gesetzes vom 9. Juli 1990 (BGBl. I S. 1354).

§ 2 Rechtsstellung Asylberechtigter

(1) Asylberechtigte genießen im Bundesgebiet die Rechtsstellung nach dem Abkommen über die Rechtsstellung der Flüchtlinge vom 28. Juli 1951 (BGBl. 1953 II S. 559).
(2) Unberührt bleiben die Vorschriften, die den Asylberechtigten eine günstigere Rechtsstellung einräumen.
(3) Ausländer, denen bis zum Wirksamwerden des Beitritts in dem in Artikel 3 des Einigungsvertrages genannten Gebiet Asyl gewährt worden ist, gelten als Asylberechtigte.

§ 3 Rechtsstellung sonstiger politisch Verfolgter

Ein Ausländer ist Flüchtling im Sinne des Abkommens über die Rechtsstellung der Flüchtlinge, wenn das Bundesamt oder ein Gericht unanfechtbar festgestellt hat, daß ihm in dem Staat, dessen Staatsangehörigkeit er besitzt oder in dem er als Staatenloser seinen gewöhnlichen Aufenthalt hatte, die in § 51 Abs. 1 des Ausländergesetzes bezeichneten Gefahren drohen.

§ 4 Verbindlichkeit asylrechtlicher Entscheidungen

Die Entscheidung über den Asylantrag ist in allen Angelegenheiten

2. AsylVfG

verbindlich, in denen die Anerkennung oder das Vorliegen der Voraussetzungen des § 51 Abs. 1 des Ausländergesetzes rechtserheblich ist. Dies gilt nicht für das Auslieferungsverfahren.

§ 5 Bundesamt

(1) Über Asylanträge entscheidet das Bundesamt für die Anerkennung ausländischer Flüchtlinge. Es ist nach Maßgabe dieses Gesetzes auch für ausländerrechtliche Maßnahmen und Entscheidungen zuständig.
(2) Über den einzelnen Asylantrag einschließlich der Feststellung, ob die Voraussetzungen des § 51 Abs. 1 des Ausländergesetzes vorliegen, entscheidet ein insoweit weisungsungebundener Bediensteter des Bundesamtes. Der Bedienstete muß mindestens Beamter des gehobenen Dienstes oder vergleichbarer Angestellter sein. Das Bundesministerium des Innern kann durch Rechtsverordnung mit Zustimmung des Bundesrates auch lebensältere Beamte des mittleren Dienstes zulassen, die sich durch Eignung, Befähigung und fachliche Leistung auszeichnen und besondere Berufserfahrung besitzen.
(3) Das Bundesministerium des Innern bestellt den Leiter des Bundesamtes. Dieser sorgt für die ordnungsgemäße Organisation der Asylverfahren.
(4) Der Leiter des Bundesamtes soll bei jeder Zentralen Aufnahmeeinrichtung für Asylbewerber (Aufnahmeeinrichtung) mit mindestens 500 Unterbringungsplätzen eine Außenstelle einrichten. Er kann in Abstimmung mit den Ländern weitere Außenstellen einrichten.
(5) Der Leiter des Bundesamtes kann mit den Ländern vereinbaren, ihm sachliche und personelle Mittel zur notwendigen Erfüllung seiner Aufgaben in den Außenstellen zur Verfügung zu stellen. Die ihm zur Verfügung gestellten Bediensteten unterliegen im gleichen Umfang seinen fachlichen Weisungen wie die Bediensteten des Bundesamtes. Die näheren Einzelheiten sind in einer Verwaltungsvereinbarung zwischen dem Bund und dem Land zu regeln.

§ 6 Bundesbeauftragter

(1) Beim Bundesamt wird ein Bundesbeauftragter für Asylangelegenheiten bestellt.
(2) Der Bundesbeauftragte kann sich an den Asylverfahren vor dem Bundesamt und an Klageverfahren vor den Gerichten der Verwaltungsgerichtsbarkeit beteiligen. Ihm ist Gelegenheit zur Äußerung zu geben. Gegen Entscheidungen des Bundesamtes kann er klagen.
(3) Der Bundesbeauftragte wird vom Bundesministerium des Innern

berufen und abberufen. Er muß die Befähigung zum Richteramt oder zum höheren Verwaltungsdienst haben.
(4) Der Bundesbeauftragte ist an Weisungen des Bundesministeriums des Innern gebunden.

§ 7 Erhebung personenbezogener Daten

(1) Die mit der Ausführung dieses Gesetzes betrauten Behörden dürfen zum Zwecke der Ausführung dieses Gesetzes personenbezogene Daten erheben, soweit dies zur Erfüllung ihrer Aufgaben erforderlich ist.
(2) Die Daten sind beim Betroffenen zu erheben. Sie dürfen auch ohne Mitwirkung des Betroffenen bei anderen öffentlichen Stellen, ausländischen Behörden und nichtöffentlichen Stellen erhoben werden, wenn
1. dieses Gesetz oder eine andere Rechtsvorschrift es vorsieht oder zwingend voraussetzt,
2. es offensichtlich ist, daß es im Interesse des Betroffenen liegt und kein Grund zu der Annahme besteht, daß er in Kenntnis der Erhebung seine Einwilligung verweigern würde,
3. die Mitwirkung des Betroffenen nicht ausreicht oder einen unverhältnismäßigen Aufwand erfordern würde,
4. die zu erfüllende Aufgabe ihrer Art nach eine Erhebung bei anderen Personen oder Stellen erforderlich macht oder
5. es zur Überprüfung der Angaben des Betroffenen erforderlich ist.

Nach Satz 2 Nr. 3 und 4 sowie bei ausländischen Behörden und nichtöffentlichen Stellen dürfen Daten nur erhoben werden, wenn keine Anhaltspunkte dafür bestehen, daß überwiegende schutzwürdige Interessen des Betroffenen beeinträchtigt werden.

§ 8 Übermittlung personenbezogener Daten

(1) Öffentliche Stellen haben auf Ersuchen (§ 7 Abs. 1) den mit der Ausführung dieses Gesetzes betrauten Behörden ihnen bekannt gewordene Umstände mitzuteilen, soweit besondere gesetzliche Verwendungsregelungen oder überwiegende schutzwürdige Interessen des Betroffenen nicht entgegenstehen.
(2) Die zuständigen Behörden unterrichten das Bundesamt unverzüglich über ein förmliches Auslieferungsersuchen und ein mit der Ankündigung des Auslieferungsersuchens verbundenes Festnahmeersuchen eines anderen Staates sowie über den Abschluß des Auslieferungsverfahrens, wenn der Ausländer einen Asylantrag gestellt hat.
(3) Die nach diesem Gesetz erhobenen Daten dürfen auch zum Zwecke der Ausführung des Ausländergesetzes und der gesund-

2. AsylVfG

heitlichen Betreuung und Versorgung von Asylbewerbern sowie für Maßnahmen der Strafverfolgung und auf Ersuchen zur Verfolgung von Ordnungswidrigkeiten den damit betrauten öffentlichen Stellen, soweit es zur Erfüllung der in ihrer Zuständigkeit liegenden Angaben erforderlich ist, übermittelt und von diesen dafür verarbeitet und genutzt werden. Sie dürfen an eine in § 35 Abs. 1 des Ersten Buches Sozialgesetzbuch genannte Stelle übermittelt und von dieser verarbeitet und genutzt werden, soweit dies für die Aufdeckung und Verfolgung von unberechtigtem Bezug von Leistungen nach dem Bundessozialhilfegesetz und dem Asylbewerberleistungsgesetz, von Leistungen der Kranken- und Unfallversicherungsträger oder von Arbeitslosengeld oder Arbeitslosenhilfe erforderlich ist und wenn tatsächliche Anhaltspunkte für einen unberechtigten Bezug vorliegen. § 77 Abs. 1 bis 3 des Ausländergesetzes findet entsprechende Anwendung.
(4) Eine Datenübermittlung auf Grund anderer gesetzlicher Vorschriften bleibt unberührt.

§ 9 Hoher Flüchtlingskommissar der Vereinten Nationen

(1) Der Ausländer kann sich an den Hohen Flüchtlingskommissar der Vereinten Nationen wenden.
(2) Das Bundesamt übermittelt dem Hohen Flüchtlingskommissar der Vereinten Nationen auf dessen Ersuchen zur Erfüllung seiner Aufgaben nach Artikel 35 des Abkommens über die Rechtsstellung der Flüchtlinge seine Entscheidungen und deren Begründungen.
(3) Sonstige Angaben, insbesondere die vorgetragenen Verfolgungsgründe dürfen, außer in anonymisierter Form, nur übermittelt werden, wenn sich der Ausländer selbst an den Hohen Flüchtlingskommissar der Vereinten Nationen gewandt hat oder die Einwilligung des Ausländers anderweitig nachgewiesen ist. Der Einwilligung des Ausländers bedarf es nicht, wenn dieser sich nicht mehr im Bundesgebiet aufhält und kein Grund zu der Annahme besteht, daß schutzwürdige Interessen des Ausländers entgegenstehen.
(4) Die Daten dürfen nur zu dem Zweck verwendet werden, zu dem sie übermittelt wurden.

§ 10 Zustellungsvorschriften

(1) Der Ausländer hat während der Dauer des Asylverfahrens vorzusorgen, daß ihn Mitteilungen des Bundesamtes, der zuständigen Ausländerbehörde und der angerufenen Gerichte stets erreichen können; insbesondere hat er jeden Wechsel seiner Anschrift den genannten Stellen unverzüglich anzuzeigen.

AsylVfG 2.

(2) Der Ausländer muß Zustellungen und formlose Mitteilungen unter der letzten Anschrift, die der jeweiligen Stelle auf Grund seines Asylantrages oder seiner Mitteilung bekannt ist, gegen sich gelten lassen, wenn er für das Verfahren weder einen Bevollmächtigten bestellt noch einen Empfangsberechtigten benannt hat oder diesen nicht zugestellt werden kann. Das gleiche gilt, wenn die letzte bekannte Anschrift, unter der der Ausländer wohnt oder zu wohnen verpflichtet ist, durch eine öffentliche Stelle mitgeteilt worden ist. Der Ausländer muß Zustellungen und formlose Mitteilungen anderer als der in Absatz 1 bezeichneten öffentlichen Stellen unter der Anschrift gegen sich gelten lassen, unter der er nach den Sätzen 1 und 2 Zustellungen und formlose Mitteilungen des Bundesamtes gegen sich gelten lassen muß. Kann die Sendung dem Ausländer nicht zugestellt werden, so gilt die Zustellung mit der Aufgabe zur Post als bewirkt, selbst wenn die Sendung als unzustellbar zurückkommt.

(3) Betreiben Eltern oder Elternteile mit ihren minderjährigen ledigen Kindern oder Ehegatten jeweils ein gemeinsames Asylverfahren und ist nach Absatz 2 für alle Familienangehörigen dieselbe Anschrift maßgebend, können für sie bestimmte Entscheidungen und Mitteilungen in einem Bescheid oder einer Mitteilung zusammengefaßt und einem Ehegatten oder Elternteil zugestellt werden. In der Anschrift sind alle Familienangehörigen zu nennen, die das 16. Lebensjahr vollendet haben und für die die Entscheidung oder Mitteilung bestimmt ist. In der Entscheidung oder Mitteilung ist ausdrücklich darauf hinzuweisen, gegenüber welchen Familienangehörigen sie gilt.

(4) In einer Aufnahmeeinrichtung hat diese Zustellungen und formlose Mitteilungen an die Ausländer, die nach Maßgabe des Absatzes 2 Zustellungen und formlose Mitteilungen unter der Anschrift der Aufnahmeeinrichtung gegen sich gelten lassen müssen, vorzunehmen. Postausgabe- und Postverteilungszeiten sind für jeden Werktag durch Aushang bekanntzumachen. Der Ausländer hat sicherzustellen, daß ihm Posteingänge während der Postausgabe- und Postverteilungszeiten in der Aufnahmeeinrichtung ausgehändigt werden können. Zustellungen und formlose Mitteilungen sind mit der Aushändigung an den Ausländer bewirkt; im übrigen gelten sie am dritten Tag nach Übergabe an die Aufnahmeeinrichtung als bewirkt.

(5) Die Vorschriften über die Ersatzzustellung bleiben unberührt.

(6) Müßte eine Zustellung außerhalb des Bundesgebiets erfolgen, so ist durch öffentliche Bekanntmachung zuzustellen. Die Vorschriften des § 15 Abs. 2 und 3, Abs. 5 Satz 2 und 3 und Abs. 6 des Verwaltungszustellungsgesetzes finden Anwendung.

(7) Der Ausländer ist bei der Antragstellung schriftlich und gegen Empfangsbestätigung auf diese Zustellungsvorschriften hinzuweisen.

2. AsylVfG

§ 11 Ausschluß des Widerspruchs

Gegen Maßnahmen und Entscheidungen nach diesem Gesetz findet kein Widerspruch statt.

Zweiter Abschnitt
Asylverfahren

Erster Unterabschnitt
Allgemeine Verfahrensvorschriften

§ 12 Handlungsfähigkeit Minderjähriger

(1) Fähig zur Vornahme von Verfahrenshandlungen nach diesem Gesetz ist auch ein Ausländer, der das 16. Lebensjahr vollendet hat, sofern er nicht nach Maßgabe des Bürgerlichen Gesetzbuches geschäftsunfähig oder im Falle seiner Volljährigkeit in dieser Angelegenheit zu betreuen und einem Einwilligungsvorbehalt zu unterstellen wäre.
(2) Bei der Anwendung dieses Gesetzes sind die Vorschriften des Bürgerlichen Gesetzbuches dafür maßgebend, ob ein Ausländer als minderjährig oder volljährig anzusehen ist. Die Geschäftsfähigkeit und die sonstige rechtliche Handlungsfähigkeit eines nach dem Recht seines Heimatstaates volljährigen Ausländers bleiben davon unberührt.
(3) Im Asylverfahren ist vorbehaltlich einer abweichenden Entscheidung des Vormundschaftsgerichts jeder Elternteil zur Vertretung eines Kindes unter 16 Jahren befugt, wenn sich der andere Elternteil nicht im Bundesgebiet aufhält oder sein Aufenthaltsort im Bundesgebiet unbekannt ist.

§ 13 Asylantrag

(1) Ein Asylantrag liegt vor, wenn sich dem schriftlich, mündlich oder auf andere Weise geäußerten Willen des Ausländers entnehmen läßt, daß er im Bundesgebiet Schutz vor politischer Verfolgung sucht oder daß er Schutz vor Abschiebung oder einer sonstigen Rückführung in einen Staat begehrt, in dem ihm die in § 51 Abs. 1 des Ausländergesetzes bezeichneten Gefahren drohen.
(2) Mit jedem Asylantrag wird sowohl die Feststellung, daß die Voraussetzungen des § 51 Abs. 1 des Ausländergesetzes vorliegen, als auch, wenn der Ausländer dies nicht ausdrücklich ablehnt, die Anerkennung als Asylberechtigter beantragt.

AsylVfG 2.

(3) Ein Ausländer, der nicht im Besitz der erforderlichen Einreisepapiere ist, hat an der Grenze um Asyl nachzusuchen (§ 18). Im Falle der unerlaubten Einreise hat er sich unverzüglich bei einer Aufnahmeeinrichtung zu melden (§ 22) oder bei der Ausländerbehörde oder der Polizei um Asyl nachzusuchen (§ 19).

§ 14 Antragstellung

(1) Der Asylantrag ist bei der Außenstelle des Bundesamtes zu stellen, die der für die Aufnahme des Ausländers zuständigen Aufnahmeeinrichtung zugeordnet ist.
(2) Der Asylantrag ist beim Bundesamt zu stellen, wenn der Ausländer
1. eine Aufenthaltsgenehmigung mit einer Gesamtgeltungsdauer von mehr als sechs Monaten besitzt,
2. sich in Haft oder sonstigem öffentlichem Gewahrsam, in einem Krankenhaus, einer Heil- oder Pflegeanstalt oder in einer Jugendhilfeeinrichtung befindet, oder
3. noch nicht das 16. Lebensjahr vollendet hat und sein gesetzlicher Vertreter nicht verpflichtet ist, in einer Aufnahmeeinrichtung zu wohnen.

Die Ausländerbehörde leitet einen bei ihr eingereichten schriftlichen Antrag unverzüglich dem Bundesamt zu.
(3) Ausländer, die als Kriegs- oder Bürgerkriegsflüchtlinge eine Aufenthaltsbefugnis nach § 32 a des Ausländergesetzes besitzen, können keinen Asylantrag stellen.

§ 15 Allgemeine Mitwirkungspflichten

(1) Der Ausländer ist persönlich verpflichtet, bei der Aufklärung des Sachverhalts mitzuwirken. Dies gilt auch, wenn er sich durch einen Bevollmächtigten vertreten läßt.
(2) Er ist insbesondere verpflichtet,
1. den mit der Ausführung dieses Gesetzes betrauten Behörden die erforderlichen Angaben mündlich und nach Aufforderung auch schriftlich zu machen;
2. das Bundesamt unverzüglich zu unterrichten, wenn ihm eine Aufenthaltsgenehmigung erteilt worden ist;
3. den gesetzlichen und behördlichen Anordnungen, sich bei bestimmten Behörden oder Einrichtungen zu melden oder dort persönlich zu erscheinen, Folge zu leisten;
4. seinen Paß oder Paßersatz den mit der Ausführung dieses Gesetzes betrauten Behörden vorzulegen, auszuhändigen und zu überlassen;
5. alle erforderlichen Urkunden und sonstigen Unterlagen, die in

2. AsylVfG

seinem Besitz sind, den mit der Ausführung dieses Gesetzes betrauten Behörden vorzulegen, auszuhändigen und zu überlassen;
6. im Falle des Nichtbesitzes eines gültigen Passes oder Paßersatzes an der Beschaffung eines Identitätspapiers mitzuwirken;
7. die vorgeschriebenen erkennungsdienstlichen Maßnahmen zu dulden.

(3) Erforderliche Urkunden und sonstige Unterlagen nach Absatz 2 Nr. 5 sind insbesondere
1. alle Urkunden und Unterlagen, die neben dem Paß oder Paßersatz für die Feststellung der Identität und Staatsangehörigkeit von Bedeutung sein können,
2. von anderen Staaten erteilte Visa, Aufenthaltsgenehmigungen und sonstige Grenzübertrittspapiere,
3. Flugscheine und sonstige Fahrausweise,
4. Unterlagen über den Reiseweg vom Herkunftsland in das Bundesgebiet, die benutzten Beförderungsmittel und über den Aufenthalt in anderen Staaten nach der Ausreise aus dem Herkunftsland und vor der Einreise in das Bundesgebiet sowie
5. alle sonstigen Urkunden und Unterlagen, auf die der Ausländer sich beruft oder die für die zu treffenden asyl- und ausländerrechtlichen Entscheidungen und Maßnahmen einschließlich der Feststellung und Geltendmachung einer Rückführungsmöglichkeit in einen anderen Staat von Bedeutung sind.

(4) Die mit der Ausführung dieses Gesetzes betrauten Behörden können den Ausländer und Sachen, die von ihm mitgeführt werden, durchsuchen, wenn der Ausländer seinen Verpflichtungen nach Absatz 2 Nr. 4 und 5 nicht nachkommt und Anhaltspunkte bestehen, daß er im Besitz solcher Unterlagen ist. Der Ausländer darf nur von einer Person gleichen Geschlechts durchsucht werden.

(5) Durch die Rücknahme des Asylantrags werden die Mitwirkungspflichten des Ausländers nicht beendet.

§ 16 Sicherung der Identität

(1) Die Identität eines Ausländers, der um Asyl nachsucht, ist durch erkennungsdienstliche Maßnahmen zu sichern, es sei denn, daß er eine unbefristete Aufenthaltsgenehmigung besitzt oder noch nicht das 14. Lebensjahr vollendet hat. Nach Satz 1 dürfen nur Lichtbilder und Abdrucke aller zehn Finger aufgenommen werden.

(2) Zuständig für erkennungsdienstliche Maßnahmen sind das Bundesamt und, sofern der Ausländer dort um Asyl nachsucht, auch die in den §§ 18 und 19 bezeichneten Behörden sowie die Aufnahmeeinrichtung, bei der sich der Ausländer meldet.

(3) Das Bundeskriminalamt leistet Amtshilfe bei der Auswertung der nach Absatz 1 gewonnenen Fingerabdruckblätter zum Zwecke der Identitätssicherung. Es darf hierfür auch von ihm zur Erfüllung seiner Aufgaben aufbewahrte erkennungsdienstliche Unterlagen verwenden. Das Bundeskriminalamt darf den in Absatz 2 bezeichneten Behörden den Grund der Aufbewahrung dieser Unterlagen nicht mitteilen, soweit dies nicht nach anderen Rechtsvorschriften zulässig ist.

(4) Die nach Absatz 1 gewonnenen Unterlagen werden vom Bundeskriminalamt getrennt von anderen erkennungsdienstlichen Unterlagen aufbewahrt und gesondert gekennzeichnet. Entsprechendes gilt für die Verarbeitung in Dateien.

(5) Die Verarbeitung und Nutzung der nach Absatz 1 gewonnenen Unterlagen ist auch zulässig zur Feststellung der Identität oder der Zuordnung von Beweismitteln, wenn bestimmte Tatsachen die Annahme begründen, daß dies zur Aufklärung einer Straftat führen wird, oder wenn es zur Abwehr einer erheblichen Gefahr für die öffentliche Sicherheit erforderlich ist. Die Unterlagen dürfen ferner für die Identifizierung unbekannter oder vermißter Personen verwendet werden.

(6) Nach Absatz 1 gewonnene Unterlagen sind zu vernichten
1. nach unanfechtbarer Anerkennung,
2. nach Ausstellung eines Reiseausweises nach dem Abkommen über die Rechtsstellung der Flüchtlinge,
3. nach Erteilung einer unbefristeten Aufenthaltsgenehmigung,
4. im Falle einer Einreiseverweigerung (§ 18 Abs. 2) oder einer Zurückschiebung (§ 18 Abs. 3) nach drei Jahren,
5. im übrigen acht Jahre nach unanfechtbarem Abschluß des Asylverfahrens;

die entsprechenden Daten sind zu löschen.

§ 17 Sprachmittler

(1) Ist der Ausländer der deutschen Sprache nicht hinreichend kundig, so ist von Amts wegen bei der Anhörung ein Dolmetscher, Übersetzer oder sonstiger Sprachmittler hinzuzuziehen, der in die Muttersprache des Ausländers oder in eine andere Sprache zu übersetzen hat, in der der Ausländer sich mündlich verständigen kann.

(2) Der Ausländer ist berechtigt, auf seine Kosten auch einen geeigneten Sprachmittler seiner Wahl hinzuzuziehen.

2. AsylVfG

Zweiter Unterabschnitt
Einleitung des Asylverfahrens

§ 18 Aufgaben der Grenzbehörde

(1) Ein Ausländer, der bei einer mit der polizeilichen Kontrolle des grenzüberschreitenden Verkehrs beauftragten Behörde (Grenzbehörde) um Asyl nachsucht, ist unverzüglich an die zuständige oder, sofern diese nicht bekannt ist, an die nächstgelegene Aufnahmeeinrichtung zur Meldung weiterzuleiten.
(2) Dem Ausländer ist die Einreise zu verweigern, wenn
1. er aus einem sicheren Drittstaat (§ 26 a) einreist,
2. die Voraussetzungen des § 27 Abs. 1 oder 2 offensichtlich vorliegen oder
3. er eine Gefahr für die Allgemeinheit bedeutet, weil er in der Bundesrepublik Deutschland wegen einer besonders schweren Straftat zu einer Freiheitsstrafe von mindestens drei Jahren rechtskräftig verurteilt worden ist, und seine Ausreise nicht länger als drei Jahre zurückliegt.
(3) Der Ausländer ist zurückzuschieben, wenn er von der Grenzbehörde im grenznahen Raum in unmittelbarem zeitlichem Zusammenhang mit einer unerlaubten Einreise angetroffen wird und die Voraussetzungen des Absatzes 2 vorliegen.
(4) Von der Einreiseverweigerung oder Zurückschiebung ist im Falle der Einreise aus einem sicheren Drittstaat (§ 26 a) abzusehen, soweit
1. die Bundesrepublik Deutschland auf Grund eines völkerrechtlichen Vertrages mit dem sicheren Drittstaat für die Durchführung eines Asylverfahrens zuständig ist oder
2. das Bundesministerium des Innern es aus völkerrechtlichen oder humanitären Gründen oder zur Wahrung politischer Interessen der Bundesrepublik Deutschland angeordnet hat.
(5) Die Grenzbehörde hat den Ausländer erkennungsdienstlich zu behandeln.

§ 18 a Verfahren bei Einreise auf dem Luftwege

(1) Bei Ausländern aus einem sicheren Herkunftsstaat (§ 29 a), die über einen Flughafen einreisen wollen und bei der Grenzbehörde um Asyl nachsuchen, ist das Asylverfahren vor der Entscheidung über die Einreise durchzuführen, soweit die Unterbringung auf dem Flughafengelände während des Verfahrens möglich ist. Das gleiche gilt für Ausländer, die bei der Grenzbehörde auf einem Flughafen um Asyl nachsuchen und sich dabei nicht mit einem gültigen Paß oder Paßersatz ausweisen. Dem Ausländer ist unverzüglich Gelegenheit zur Stellung

AsylVfG 2.

des Asylantrages bei der Außenstelle des Bundesamtes zu geben, die der Grenzkontrollstelle zugeordnet ist. Die persönliche Anhörung des Ausländers durch das Bundesamt soll unverzüglich stattfinden. Dem Ausländer ist danach unverzüglich Gelegenheit zu geben, mit einem Rechtsbeistand seiner Wahl Verbindung aufzunehmen, es sei denn, er hat sich selbst vorher anwaltlichen Beistands versichert. § 18 Abs. 2 bleibt unberührt.

(2) Lehnt das Bundesamt den Asylantrag als offensichtlich unbegründet ab, droht es dem Ausländer nach Maßgabe der §§ 34 und 36 Abs. 1 vorsorglich für den Fall der Einreise die Abschiebung an.

(3) Wird der Asylantrag als offensichtlich unbegründet abgelehnt, ist dem Ausländer die Einreise zu verweigern. Die Entscheidungen des Bundesamtes sind zusammen mit der Einreiseverweigerung von der Grenzbehörde zuzustellen. Diese übermittelt unverzüglich dem zuständigen Verwaltungsgericht eine Kopie ihrer Entscheidung und den Verwaltungsvorgang des Bundesamtes.

(4) Ein Antrag auf Gewährung vorläufigen Rechtsschutzes nach der Verwaltungsgerichtsordnung ist innerhalb von drei Tagen nach Zustellung der Entscheidungen des Bundesamtes und der Grenzbehörde zu stellen. Der Antrag kann bei der Grenzbehörde gestellt werden. Der Ausländer ist hierauf hinzuweisen. § 58 der Verwaltungsgerichtsordnung ist entsprechend anzuwenden. Die Entscheidung soll im schriftlichen Verfahren ergehen. § 36 Abs. 4 ist anzuwenden. Im Falle der rechtzeitigen Antragstellung darf die Einreiseverweigerung nicht vor der gerichtlichen Entscheidung (§ 36 Abs. 3 Satz 9) vollzogen werden.

(5) Jeder Antrag nach Absatz 4 richtet sich auf Gewährung der Einreise und für den Fall der Einreise gegen die Abschiebungsandrohung. Die Anordnung des Gerichts, dem Ausländer die Einreise zu gestatten, gilt zugleich als Aussetzung der Abschiebung.

(6) Dem Ausländer ist die Einreise zu gestatten, wenn
1. das Bundesamt der Grenzbehörde mitteilt, daß es nicht kurzfristig entscheiden kann,
2. das Bundesamt nicht innerhalb von zwei Tagen nach Stellung des Asylantrags über diesen entschieden hat oder
3. das Gericht nicht innerhalb von vierzehn Tagen über einen Antrag nach Absatz 4 entschieden hat.

§ 19 Aufgaben der Ausländerbehörde und der Polizei

(1) Ein Ausländer, der bei einer Ausländerbehörde oder bei der Polizei des Landes um Asyl nachsucht, ist in den Fällen des § 14 Abs. 1 unverzüglich an die zuständige oder, soweit diese nicht bekannt ist, an die nächstgelegene Aufnahmeeinrichtung zur Meldung weiterzuleiten.

2. AsylVfG

(2) Die Ausländerbehörde und die Polizei haben den Ausländer erkennungsdienstlich zu behandeln (§ 16 Abs. 1).
(3) Ein Ausländer, der aus einem sicheren Drittstaat (§ 26 a) unerlaubt eingereist ist, kann ohne vorherige Weiterleitung an eine Aufnahmeeinrichtung nach Maßgabe des § 61 Abs. 1 des Ausländergesetzes dorthin zurückgeschoben werden. In diesem Falle ordnet die Ausländerbehörde die Zurückschiebung an, sobald feststeht, daß sie durchgeführt werden kann.
(4) Vorschriften über die Festnahme oder Inhaftnahme bleiben unberührt.

§ 20 Weiterleitung an eine Aufnahmeeinrichtung

(1) Die Behörde, die den Ausländer an eine Aufnahmeeinrichtung weiterleitet, teilt dieser die Weiterleitung unverzüglich mit.
(2) Der Ausländer ist verpflichtet, der Weiterleitung unverzüglich zu folgen.

§ 21 Verwahrung und Weitergabe von Unterlagen

(1) Die Behörden, die den Ausländer an eine Aufnahmeeinrichtung weiterleiten, nehmen die in § 15 Abs. 2 Nr. 4 und 5 bezeichneten Unterlagen in Verwahrung und leiten sie unverzüglich der Aufnahmeeinrichtung zu. Erkennungsdienstliche Unterlagen sind beizufügen.
(2) Meldet sich der Ausländer unmittelbar bei der für seine Aufnahme zuständigen Aufnahmeeinrichtung, nimmt diese die Unterlagen in Verwahrung.
(3) Die für die Aufnahme des Ausländers zuständige Aufnahmeeinrichtung leitet die Unterlagen unverzüglich der ihr zugeordneten Außenstelle des Bundesamtes zu.
(4) Dem Ausländer sind auf Verlangen Abschriften der in Verwahrung genommenen Unterlagen auszuhändigen.
(5) Die Unterlagen sind dem Ausländer wieder auszuhändigen, wenn sie für die weitere Durchführung des Asylverfahrens oder für aufenthaltsbeendende Maßnahmen nicht mehr benötigt werden.

§ 22 Meldepflicht

(1) Ein Ausländer, der den Asylantrag bei einer Außenstelle des Bundesamtes zu stellen hat (§ 14 Abs. 1), hat sich in einer Aufnahmeeinrichtung persönlich zu melden. Diese nimmt ihn auf oder leitet ihn an die für seine Aufnahme zuständige Aufnahmeeinrichtung weiter; im Falle der Weiterleitung ist der Ausländer, soweit möglich, erkennungsdienstlich zu behandeln.

AsylVfG 2.

(2) Die Landesregierung oder die von ihr bestimmte Stelle kann bestimmen, daß die Meldung nach Absatz 1 bei einer bestimmten Aufnahmeeinrichtung erfolgen muß. In den Fällen des § 18 Abs. 1 und des § 19 Abs. 1 ist der Ausländer an diese Aufnahmeeinrichtung weiterzuleiten.

§ 22 a   Übernahme zur Durchführung eines Asylverfahrens

Ein Ausländer, der auf Grund eines völkerrechtlichen Vertrages zur Durchführung eines Asylverfahrens übernommen ist, steht einem Ausländer gleich, der um Asyl nachsucht. Der Ausländer ist verpflichtet, sich bei oder unverzüglich nach der Einreise zu der Stelle zu begeben, die vom Bundesministerium des Innern oder der von ihm bestimmten Stelle bezeichnet ist.

Dritter Unterabschnitt
Verfahren beim Bundesamt

§ 23   Antragstellung bei der Außenstelle

Der Ausländer, der in der Aufnahmeeinrichtung aufgenommen ist, ist verpflichtet, unverzüglich oder zu dem von der Aufnahmeeinrichtung genannten Termin bei der Außenstelle des Bundesamtes zur Stellung des Asylantrages persönlich zu erscheinen.

§ 24   Pflichten des Bundesamtes

(1) Das Bundesamt klärt den Sachverhalt und erhebt die erforderlichen Beweise. Es hat den Ausländer persönlich anzuhören. Von einer Anhörung kann abgesehen werden, wenn das Bundesamt den Ausländer als asylberechtigt anerkennen will oder wenn der Ausländer nach seinen Angaben aus einem sicheren Drittstaat (§ 26 a) eingereist ist. Von der Anhörung ist abzusehen, wenn der Asylantrag für ein im Bundesgebiet geborenes Kind unter sechs Jahren gestellt und der Sachverhalt auf Grund des Inhalts der Verfahrensakten der Eltern oder eines Elternteils ausreichend geklärt ist.
(2) Nach Stellung eines Asylantrages obliegt dem Bundesamt auch die Entscheidung, ob Abschiebungshindernisse nach § 53 des Ausländergesetzes vorliegen.
(3) Das Bundesamt unterrichtet die Ausländerbehörde unverzüglich über die getroffene Entscheidung und die von dem Ausländer vorgetragenen oder sonst erkennbaren Gründe für eine Aussetzung der

2. AsylVfG

Abschiebung, insbesondere über die Notwendigkeit, die für eine Rückführung erforderlichen Dokumente zu beschaffen.

§ 25 Anhörung

(1) Der Ausländer muß selbst die Tatsachen vortragen, die seine Furcht vor politischer Verfolgung begründen, und die erforderlichen Angaben machen. Zu den erforderlichen Angaben gehören auch solche über Wohnsitze, Reisewege, Aufenthalte in anderen Staaten und darüber, ob bereits in anderen Staaten oder im Bundesgebiet ein Verfahren mit dem Ziel der Anerkennung als ausländischer Flüchtling oder ein Asylverfahren eingeleitet oder durchgeführt ist.
(2) Der Ausländer hat alle sonstigen Tatsachen und Umstände anzugeben, die einer Abschiebung oder einer Abschiebung in einen bestimmten Staat entgegenstehen.
(3) Ein späteres Vorbringen des Ausländers kann unberücksichtigt bleiben, wenn andernfalls die Entscheidung des Bundesamtes verzögert würde. Der Ausländer ist hierauf und auf § 36 Abs. 4 Satz 3 hinzuweisen.
(4) Bei einem Ausländer, der verpflichtet ist, in einer Aufnahmeeinrichtung zu wohnen, soll die Anhörung in zeitlichem Zusammenhang mit der Asylantragstellung erfolgen. Einer besonderen Ladung des Ausländers und seines Bevollmächtigten bedarf es nicht. Entsprechendes gilt, wenn dem Ausländer bei oder innerhalb einer Woche nach der Antragstellung der Termin für die Anhörung mitgeteilt wird. Kann die Anhörung nicht an demselben Tag stattfinden, sind der Ausländer und sein Bevollmächtigter von dem Anhörungstermin unverzüglich zu verständigen. Erscheint der Ausländer ohne genügende Entschuldigung nicht zur Anhörung, entscheidet das Bundesamt nach Aktenlage, wobei auch die Nichtmitwirkung des Ausländers zu berücksichtigen ist.
(5) Bei einem Ausländer, der nicht verpflichtet ist, in einer Aufnahmeeinrichtung zu wohnen, kann von der persönlichen Anhörung abgesehen werden, wenn der Ausländer einer Ladung zur Anhörung ohne genügende Entschuldigung nicht folgt. In diesem Falle ist dem Ausländer Gelegenheit zur schriftlichen Stellungnahme innerhalb eines Monats zu geben. Äußert sich der Ausländer innerhalb dieser Frist nicht, entscheidet das Bundesamt nach Aktenlage, wobei auch die Nichtmitwirkung des Ausländers zu würdigen ist. § 33 bleibt unberührt.
(6) Die Anhörung ist nicht öffentlich. An ihr können Personen, die sich als Vertreter des Bundes, eines Landes, des Hohen Flüchtlingskommissars der Vereinten Nationen oder des Sonderbevollmächtigten für Flüchtlingsfragen beim Europarat ausweisen, teilnehmen. Anderen

AsylVfG 2.

Personen kann der Leiter des Bundesamtes oder die von ihm beauftragte Person die Anwesenheit gestatten.
(7) Über die Anhörung ist eine Niederschrift aufzunehmen, die die wesentlichen Angaben des Ausländers enthält.

§ 26 Familienasyl

(1) Der Ehegatte eines Asylberechtigten wird als Asylberechtigter anerkannt, wenn
1. die Ehe schon in dem Staat bestanden hat, in dem der Asylberechtigte politisch verfolgt wird,
2. der Ehegatte einen Asylantrag vor oder gleichzeitig mit dem Asylberechtigten oder unverzüglich nach der Einreise gestellt hat und
3. die Anerkennung des Asylberechtigten nicht zu widerrufen oder zurückzunehmen ist.

(2) Absatz 1 Nr. 2 und 3 gilt entsprechend für die im Zeitpunkt ihrer Asylantragstellung minderjährigen ledigen Kinder eines Asylberechtigten. Für im Bundesgebiet nach der Anerkennung des Asylberechtigten geborene Kinder ist der Asylantrag innerhalb eines Jahres nach der Geburt zu stellen.
(3) Absatz 2 gilt nicht für Kinder eines Ausländers, der nach Absatz 2 als Asylberechtigter anerkannt worden ist.

§ 26 a Sichere Drittstaaten

(1) Ein Ausländer, der aus einem Drittstaat im Sinne des Artikels 16 a Abs. 2 Satz 1 des Grundgesetzes (sicherer Drittstaat) eingereist ist, kann sich nicht auf Artikel 16 a Abs. 1 des Grundgesetzes berufen. Er wird nicht als Asylberechtigter anerkannt. Satz 1 gilt nicht, wenn
1. der Ausländer im Zeitpunkt seiner Einreise in den sicheren Drittstaat im Besitz einer Aufenthaltsgenehmigung für die Bundesrepublik Deutschland war,
2. die Bundesrepublik Deutschland auf Grund eines völkerrechtlichen Vertrages mit dem sicheren Drittstaat für die Durchführung eines Asylverfahrens zuständig ist oder
3. der Ausländer auf Grund seiner Anordnung nach § 18 Abs. 4 Nr. 2 nicht zurückgewiesen oder zurückgeschoben worden ist.

(2) Sichere Drittstaaten sind außer den Mitgliedstaaten der Europäischen Gemeinschaften die in Anlage I bezeichneten Staaten.
(3) Die Bundesregierung bestimmt durch Rechtsverordnung ohne Zustimmung des Bundesrates, daß ein in Anlage I bezeichneter Staat nicht mehr als sicherer Drittstaat gilt, wenn Veränderungen in den rechtlichen oder politischen Verhältnissen dieses Staates die Annahme

2. AsylVfG

begründen, daß die in Artikel 16 a Abs. 2 Satz 1 des Grundgesetzes bezeichneten Voraussetzungen entfallen sind. Die Verordnung tritt spätestens sechs Monate nach ihrem Inkrafttreten außer Kraft.

§ 27 Anderweitige Sicherheit vor Verfolgung

(1) Ein Ausländer, der bereits in einem sonstigen Drittstaat vor politischer Verfolgung sicher war, wird nicht als Asylberechtigter anerkannt.
(2) Ist der Ausländer im Besitz eines von einem sicheren Drittstaat (§ 26 a) oder einem sonstigen Drittstaat ausgestellten Reiseausweises nach dem Abkommen über die Rechtsstellung der Flüchtlinge, so wird vermutet, daß er bereits in diesem Staat vor politischer Verfolgung sicher war.
(3) Hat sich ein Ausländer in einem sonstigen Drittstaat, in dem ihm keine politische Verfolgung droht, vor der Einreise in das Bundesgebiet länger als drei Monate aufgehalten, so wird vermutet, daß er dort vor politischer Verfolgung sicher war. Das gilt nicht, wenn der Ausländer glaubhaft macht, daß eine Abschiebung in einen anderen Staat, in dem ihm politische Verfolgung droht, nicht mit hinreichender Sicherheit auszuschließen war.

§ 28 Nachfluchttatbestände

Ein Ausländer wird in der Regel nicht als Asylberechtigter anerkannt, wenn die Gefahr politischer Verfolgung auf Umständen beruht, die er nach Verlassen seines Herkunftslandes aus eigenem Entschluß geschaffen hat, es sei denn, dieser Entschluß entspricht einer festen, bereits im Herkunftsland erkennbar betätigten Überzeugung. Satz 1 findet insbesondere keine Anwendung, wenn der Ausländer sich auf Grund seines Alters und Entwicklungsstandes im Herkunftsland noch keine feste Überzeugung bilden konnte.

§ 29 Unbeachtliche Asylanträge

(1) Ein Asylantrag ist unbeachtlich, wenn offensichtlich ist, daß der Ausländer bereits in einem sonstigen Drittstaat vor politischer Verfolgung sicher war und die Rückführung in diesen Staat oder in einen anderen Staat, in dem er vor politischer Verfolgung sicher ist, möglich ist.
(2) Ist die Rückführung innerhalb von drei Monaten nicht möglich, ist das Asylverfahren fortzuführen. Die Ausländerbehörde hat das Bundesamt unverzüglich zu unterrichten.
(3) Ein Asylantrag ist ferner unbeachtlich, wenn auf Grund eines völkerrechtlichen Vertrages ein anderer Vertragsstaat, der ein sicherer

Drittstaat (§ 26 a) ist, für die Durchführung eines Asylverfahrens zuständig ist oder die Zuständigkeit übernimmt. § 26 a Abs. 1 bleibt unberührt.

§ 29 a Sicherer Herkunftsstaat

(1) Der Asylantrag eines Ausländers aus einem Staat im Sinne des Artikels 16 a Abs. 3 Satz 1 des Grundgesetzes (sicherer Herkunftsstaat) ist als offensichtlich unbegründet abzulehnen, es sei denn, die von dem Ausländer angegebenen Tatsachen oder Beweismittel begründen die Annahme, daß ihm abweichend von der allgemeinen Lage im Herkunftsstaat politische Verfolgung droht.
(2) Sichere Herkunftsstaaten sind die in Anlage II bezeichneten Staaten.
(3) Die Bundesregierung bestimmt durch Rechtsverordnung ohne Zustimmung des Bundesrates, daß ein in Anlage II bezeichneter Staat nicht mehr als sicherer Herkunftsstaat gilt, wenn Veränderungen in den rechtlichen oder politischen Verhältnissen dieses Staates die Annahme begründen, daß die in Artikel 16 a Abs. 3 Satz 1 des Grundgesetzes bezeichneten Voraussetzungen entfallen sind. Die Verordnung tritt spätestens sechs Monate nach ihrem Inkrafttreten außer Kraft.

§ 30 Offensichtlich unbegründete Asylanträge

(1) Ein Asylantrag ist offensichtlich unbegründet, wenn die Voraussetzungen für eine Anerkennung als Asylberechtigter und die Voraussetzungen des § 51 Abs. 1 des Ausländergesetzes offensichtlich nicht vorliegen.
(2) Ein Asylantrag ist insbesondere offensichtlich unbegründet, wenn nach den Umständen des Einzelfalles offensichtlich ist, daß sich der Ausländer nur aus wirtschaftlichen Gründen oder um einer allgemeinen Notsituation oder einer kriegerischen Auseinandersetzung zu entgehen, im Bundesgebiet aufhält.
(3) Ein unbegründeter Asylantrag ist als offensichtlich unbegründet abzulehnen, wenn
1. in wesentlichen Punkten das Vorbringen des Ausländers nicht substantiiert oder in sich widersprüchlich ist, offenkundig den Tatsachen nicht entspricht oder auf gefälschte oder verfälschte Beweismittel gestützt wird,
2. der Ausländer im Asylverfahren über seine Identität oder Staatsangehörigkeit täuscht oder diese Angaben verweigert,
3. er unter Angabe anderer Personalien einen weiteren Asylantrag oder ein weiteres Asylbegehren anhängig gemacht hat,
4. er den Asylantrag gestellt hat, um eine drohende Aufenthaltsbe-

2. AsylVfG

endigung abzuwenden, obwohl er zuvor ausreichend Gelegenheit hatte, einen Asylantrag zu stellen,
5. er seine Mitwirkungspflichten nach § 13 Abs. 3 Satz 2, § 15 Abs. 2 Nr. 3 bis 5 oder § 25 Abs. 1 gröblich verletzt hat, es sei denn, er hat die Verletzung der Mitwirkungspflichten nicht zu vertreten oder ihm war die Einhaltung der Mitwirkungspflichten aus wichtigen Gründen nicht möglich, oder
6. er nach § 47 des Ausländergesetzes vollziehbar ausgewiesen ist.

(4) Ein Asylantrag ist ferner als offensichtlich unbegründet abzulehnen, wenn die Voraussetzungen des § 51 Abs. 3 des Ausländergesetzes vorliegen.

(5) Ein beim Bundesamt gestellter Antrag ist auch dann als offensichtlich unbegründet abzulehnen, wenn es sich nach seinem Inhalt nicht um einen Asylantrag im Sinne des § 13 Abs. 1 handelt.

§ 31 Entscheidung des Bundesamtes über Asylanträge

(1) Die Entscheidung des Bundesamtes ergeht schriftlich. Sie ist schriftlich zu begründen und den Beteiligten mit Rechtsbehelfsbelehrung zuzustellen. Wird der Asylantrag nur nach § 26 a abgelehnt, ist die Entscheidung zusammen mit der Abschiebungsanordnung nach § 34 a dem Ausländer selbst zuzustellen. Sie kann ihm auch von der für die Abschiebung oder für die Durchführung der Abschiebung zuständigen Behörde zugestellt werden. Wird der Ausländer durch einen Bevollmächtigten vertreten oder hat er einen Empfangsberechtigten benannt, soll diesem ein Abdruck der Entscheidung zugeleitet werden.

(2) In Entscheidungen über beachtliche Asylanträge und nach § 30 Abs. 5 ist ausdrücklich festzustellen, ob die Voraussetzungen des § 51 Abs. 1 des Ausländergesetzes vorliegen und ob der Ausländer als Asylberechtigter anerkannt wird. Von letzterer Feststellung ist abzusehen, wenn der Antrag auf die Feststellung der Voraussetzungen des § 51 Abs. 1 des Ausländergesetzes beschränkt war.

(3) In den Fällen des Absatzes 2 und in Entscheidungen über unbeachtliche Asylanträge ist festzustellen, ob Abschiebungshindernisse nach § 53 des Ausländergesetzes vorliegen.
Davon kann abgesehen werden, wenn
1. der Ausländer als Asylberechtigter anerkannt wird,
2. das Vorliegen der Voraussetzungen des § 51 Abs. 1 des Ausländergesetzes festgestellt wird oder
3. der Asylantrag nach § 29 Abs. 3 unbeachtlich ist.

(4) Wird ein Asylantrag nur nach § 26 a abgelehnt, ist nur festzustellen, daß dem Ausländer auf Grund seiner Einreise aus einem sicheren Drittstaat kein Asylrecht zusteht.

(5) Wird ein Ausländer nach § 26 als Asylberechtigter anerkannt, soll

von den Feststellungen zu § 51 Abs. 1 und § 53 des Ausländergesetzes abgesehen werden.

§ 32 Entscheidung bei Antragsrücknahme

Im Falle der Rücknahme des Asylantrages stellt das Bundesamt in seiner Entscheidung fest, daß das Asylverfahren eingestellt ist und ob Abschiebungshindernisse nach § 53 des Ausländergesetzes vorliegen; in den Fällen des § 33 ist nach Aktenlage zu entscheiden.

§ 32 a Ruhen des Verfahrens

(1) Das Asylverfahren eines Ausländers, dem nach der Stellung des Asylantrages eine Aufenthaltsbefugnis nach § 32 a des Ausländergesetzes erteilt wird, ruht, solange er im Besitz der Aufenthaltsbefugnis ist. Solange das Verfahren ruht, bestimmt sich die Rechtsstellung des Ausländers nicht nach diesem Gesetz.
(2) Der Asylantrag gilt als zurückgenommen, wenn der Ausländer nicht innerhalb eines Monats nach Ablauf der Geltungsdauer seiner Aufenthaltsbefugnis dem Bundesamt anzeigt, daß er das Asylverfahren fortführen will.

§ 33 Nichtbetreiben des Verfahrens

(1) Der Asylantrag gilt als zurückgenommen, wenn der Ausländer das Verfahren trotz Aufforderung des Bundesamtes länger als einen Monat nicht betreibt. In der Aufforderung ist der Ausländer auf die nach Satz 1 eintretende Folge hinzuweisen.
(2) Der Asylantrag gilt ferner als zurückgenommen, wenn der Ausländer während des Asylverfahrens in seinen Herkunftsstaat gereist ist.

Vierter Unterabschnitt
Aufenthaltsbeendigung

§ 34 Abschiebungsandrohung

(1) Das Bundesamt erläßt nach den §§ 50 und 51 Abs. 4 des Ausländergesetzes die Abschiebungsandrohung, wenn der Ausländer nicht als Asylberechtigter anerkannt wird und keine Aufenthaltsgenehmigung besitzt. Eine Anhörung des Ausländers vor Erlaß der Abschiebungsandrohung ist nicht erforderlich.

2. AsylVfG

(2) Die Abschiebungsandrohung soll mit der Entscheidung über den Asylantrag verbunden werden.

§ 34 a Abschiebungsanordnung

(1) Soll der Ausländer in einen sicheren Drittstaat (§ 26 a) abgeschoben werden, ordnet das Bundesamt die Abschiebung in diesen Staat an, sobald feststeht, daß sie durchgeführt werden kann. Dies gilt auch, wenn der Ausländer den Asylantrag auf die Feststellung der Voraussetzungen des § 51 Abs. 1 des Ausländergesetzes beschränkt oder vor der Entscheidung des Bundesamtes zurückgenommen hat. Einer vorherigen Androhung und Fristsetzung bedarf es nicht.
(2) Die Abschiebung in den sicheren Drittstaat darf nicht nach § 80 oder § 123 der Verwaltungsgerichtsordnung ausgesetzt werden.

§ 35 Abschiebungsandrohung bei Unbeachtlichkeit des Asylantrages

In den Fällen des § 29 Abs. 1 droht das Bundesamt dem Ausländer die Abschiebung in den Staat an, in dem er vor Verfolgung sicher war. In den Fällen des § 29 Abs. 3 Satz 1 droht es die Abschiebung in den anderen Vertragsstaat an.

§ 36 Verfahren bei Unbeachtlichkeit und offensichtlicher Unbegründetheit

(1) In den Fällen der Unbeachtlichkeit und der offensichtlichen Unbegründetheit des Asylantrages beträgt die dem Ausländer zu setzende Ausreisefrist eine Woche.
(2) Das Bundesamt übermittelt mit der Zustellung der Entscheidung den Beteiligten eine Kopie des Inhalts der Asylakte. Der Verwaltungsvorgang ist mit dem Nachweis der Zustellung unverzüglich dem zuständigen Verwaltungsgericht zu übermitteln.
(3) Anträge nach § 80 Abs. 5 der Verwaltungsgerichtsordnung gegen die Abschiebungsandrohung sind innerhalb einer Woche nach Bekanntgabe zu stellen; dem Antrag soll der Bescheid des Bundesamtes beigefügt werden. Der Ausländer ist hierauf hinzuweisen. § 58 der Verwaltungsgerichtsordnung ist entsprechend anzuwenden. Die Entscheidung soll im schriftlichen Verfahren ergehen; eine mündliche Verhandlung, in der zugleich über die Klage verhandelt wird, ist unzulässig. Die Entscheidung soll innerhalb von einer Woche nach Ablauf der Frist des Absatzes 1 ergehen. Die Kammer des Verwaltungsgerichtes kann die Frist nach Satz 5 um jeweils eine weitere Woche verlängern. Die zweite

und weitere Verlängerungen sind nur bei Vorliegen schwerwiegender Gründe zulässig, insbesondere wenn eine außergewöhnliche Belastung des Gerichts eine frühere Entscheidung nicht möglich macht. Die Abschiebung ist bei rechtzeitiger Antragstellung vor der gerichtlichen Entscheidung nicht zulässig. Die Entscheidung ist ergangen, wenn die vollständig unterschriebene Entscheidungsformel der Geschäftsstelle der Kammer vorliegt.
(4) Die Aussetzung der Abschiebung darf nur angeordnet werden, wenn ernstliche Zweifel an der Rechtmäßigkeit des angegriffenen Verwaltungsaktes bestehen. Tatsachen und Beweismittel, die von den Beteiligten nicht angegeben worden sind, bleiben unberücksichtigt, es sei denn, sie sind gerichtsbekannt oder offenkundig. Ein Vorbringen, das nach § 25 Abs. 3 im Verwaltungsverfahren unberücksichtigt geblieben ist, sowie Tatsachen und Umstände im Sinne des § 25 Abs. 2, die der Ausländer im Verwaltungsverfahren nicht angegeben hat, kann das Gericht unberücksichtigt lassen, wenn andernfalls die Entscheidung verzögert würde.

§ 37 Weiteres Verfahren bei stattgebender gerichtlicher Entscheidung

(1) Die Entscheidung des Bundesamtes über die Unbeachtlichkeit des Antrages und die Abschiebungsandrohung werden unwirksam, wenn das Verwaltungsgericht dem Antrag nach § 80 Abs. 5 der Verwaltungsgerichtsordnung entspricht. Das Bundesamt hat das Asylverfahren fortzuführen.
(2) Entspricht das Verwaltungsgericht im Falle eines als offensichtlich unbegründet abgelehnten Asylantrages dem Antrag nach § 80 Abs. 5 der Verwaltungsgerichtsordnung, endet die Ausreisefrist einen Monat nach dem unanfechtbaren Abschluß des Asylverfahrens.
(3) Die Absätze 1 und 2 gelten nicht, wenn auf Grund der Entscheidung des Verwaltungsgerichts die Abschiebung in einen der in der Abschiebungsandrohung bezeichneten Staaten vollziehbar wird.

§ 38 Ausreisefrist bei sonstiger Ablehnung und bei Rücknahme des Asylantrages

(1) In den sonstigen Fällen, in denen das Bundesamt den Ausländer nicht als Asylberechtigten anerkennt, beträgt die dem Ausländer zu setzende Ausreisefrist einen Monat. Im Falle der Klageerhebung endet die Ausreisefrist einen Monat nach dem unanfechtbaren Abschluß des Asylverfahrens.
(2) Im Falle der Rücknahme des Asylantrages vor der Entscheidung

2. AsylVfG

des Bundesamtes beträgt die dem Ausländer zu setzende Ausreisefrist eine Woche.

(3) Im Falle der Rücknahme des Asylantrages oder der Klage kann dem Ausländer eine Ausreisefrist bis zu drei Monaten eingeräumt werden, wenn er sich zur freiwilligen Ausreise bereit erklärt.

§ 39 Abschiebungsandrohung nach Aufhebung der Anerkennung

(1) Hat das Verwaltungsgericht die Anerkennung aufgehoben, erläßt das Bundesamt nach dem Eintritt der Unanfechtbarkeit der Entscheidung unverzüglich die Abschiebungsandrohung. Die dem Ausländer zu setzende Ausreisefrist beträgt einen Monat.

(2) Hat das Bundesamt in der aufgehobenen Entscheidung von der Feststellung, ob Abschiebungshindernisse nach § 53 des Ausländergesetzes vorliegen, abgesehen, ist diese Feststellung nachzuholen.

§ 40 Unterrichtung der Ausländerbehörde

(1) Das Bundesamt unterrichtet unverzüglich die Ausländerbehörde, in deren Bezirk sich der Ausländer aufzuhalten hat, über eine vollziehbare Abschiebungsandrohung und leitet ihr unverzüglich alle für die Abschiebung erforderlichen Unterlagen zu. Das gleiche gilt, wenn das Verwaltungsgericht die aufschiebende Wirkung der Klage wegen eines Abschiebungshindernisses nach § 53 des Ausländergesetzes nur hinsichtlich der Abschiebung in den betreffenden Staat angeordnet hat und das Bundesamt das Asylverfahren nicht fortführt.

(2) Das Bundesamt unterrichtet unverzüglich die Ausländerbehörde, wenn das Verwaltungsgericht in den Fällen der § 38 Abs. 2 und § 39 die aufschiebende Wirkung der Klage gegen die Abschiebungsandrohung anordnet.

(3) Stellt das Bundesamt dem Ausländer die Abschiebungsanordnung (§ 34 a) zu, unterrichtet es unverzüglich die für die Abschiebung zuständige Behörde über die Zustellung.

§ 41 Gesetzliche Duldung

(1) Hat das Bundesamt oder das Verwaltungsgericht das Vorliegen eines Abschiebungshindernisses nach § 53 Abs. 6 des Ausländergesetzes festgestellt, ist die Abschiebung in den betreffenden Staat für die Dauer von drei Monaten ausgesetzt. Die Frist beginnt im Falle eines Antrages nach § 80 Abs. 5 der Verwaltungsgerichtsordnung oder der Klageerhebung mit Eintritt der Unanfechtbarkeit der gerichtlichen

Entscheidung, im übrigen mit dem Eintritt der Unanfechtbarkeit der Entscheidung des Bundesamtes.
(2) Die Ausländerbehörde kann die Aussetzung der Abschiebung widerrufen. Sie entscheidet über die Erteilung einer Duldung nach Ablauf der drei Monate.

§ 42 Bindungswirkung ausländerrechtlicher Entscheidungen

Die Ausländerbehörde ist an die Entscheidung des Bundesamtes oder des Verwaltungsgerichts über das Vorliegen von Abschiebungshindernissen nach § 53 des Ausländergesetzes gebunden. Über den späteren Eintritt und Wegfall des Abschiebungshindernisses nach § 53 Abs. 3 des Ausländergesetzes entscheidet die Ausländerbehörde, ohne daß es einer Aufhebung der Entscheidung des Bundesamtes bedarf.

§ 43 Vollziehbarkeit und Aussetzung der Abschiebung

(1) War der Ausländer im Besitz einer Aufenthaltsgenehmigung, darf eine nach den Vorschriften dieses Gesetzes vollziehbare Abschiebungsandrohung erst vollzogen werden, wenn der Ausländer auch nach § 42 Abs. 2 Satz 2 des Ausländergesetzes vollziehbar ausreisepflichtig ist.
(2) Hat der Ausländer die Verlängerung einer Aufenthaltsgenehmigung mit einer Gesamtgeltungsdauer von mehr als sechs Monaten beantragt, wird die Abschiebungsandrohung erst mit der Ablehnung dieses Antrags vollziehbar. Im übrigen steht § 69 des Ausländergesetzes der Abschiebung nicht entgegen.
(3) Haben Ehegatten oder Eltern und ihre minderjährigen ledigen Kinder gleichzeitig oder jeweils unverzüglich nach ihrer Einreise einen Asylantrag gestellt, darf die Ausländerbehörde die Abschiebung auch abweichend von § 55 Abs. 4 des Ausländergesetzes vorübergehend aussetzen, um die gemeinsame Ausreise der Familie zu ermöglichen.

§ 43 a Aussetzung der Abschiebung durch das Bundesamt

(1) Solange ein Ausländer verpflichtet ist, in einer Aufnahmeeinrichtung zu wohnen, darf ihm keine Aufenthaltsgenehmigung erteilt werden. Ein Antrag auf Erteilung oder Verlängerung einer Aufenthaltsgenehmigung ist unzulässig.
(2) Solange ein Ausländer verpflichtet ist, in einer Aufnahmeeinrichtung zu wohnen, finden auf ihn die §§ 54 und 55 Abs. 3 des Ausländergesetzes keine Anwendung.
(3) Das Bundesministerium des Innern kann aus völkerrechtlichen oder humanitären Gründen oder zur Wahrung politischer Interessen

2. AsylVfG

der Bundesrepublik Deutschland anordnen, daß die Abschiebung von Ausländern, auf die nach Absatz 2 der § 54 des Ausländergesetzes keine Anwendung findet, für die Dauer von längstens sechs Monaten ausgesetzt wird. Das Bundesamt setzt die Abschiebung entsprechend der Anordnung aus.

(4) Solange der Ausländer verpflichtet ist, in einer Aufnahmeeinrichtung zu wohnen, setzt das Bundesamt die Abschiebung vorübergehend aus, wenn diese sich als tatsächlich unmöglich erweist oder ein Aussetzungsgrund nach § 43 Abs. 3 vorliegt.

(5) Für den Widerruf der Aussetzung und die Entscheidung über die Erteilung einer weiteren Duldung ist die Ausländerbehörde zuständig, sobald der Ausländer nicht mehr verpflichtet ist, in einer Aufnahmeeinrichtung zu wohnen.

§ 43 b Paßbeschaffung

Für Ausländer, die in einer Aufnahmeeinrichtung zu wohnen verpflichtet sind, hat das Bundesministerium des Innern oder die von ihm bestimmte Stelle für die Beschaffung der Heimreisedokumente im Wege der Amtshilfe Sorge zu tragen. Die erforderlichen Maßnahmen sind zum frühestmöglichen Zeitpunkt zu treffen.

Dritter Abschnitt
Unterbringung und Verteilung

§ 44 Schaffung und Unterhaltung von Aufnahmeeinrichtungen

(1) Die Länder sind verpflichtet, für die Unterbringung Asylbegehrender die dazu erforderlichen Aufnahmeeinrichtungen zu schaffen und zu unterhalten sowie entsprechend ihrer Aufnahmequote die im Hinblick auf den monatlichen Zugang Asylbegehrender in den Aufnahmeeinrichtungen notwendige Zahl von Unterbringungsplätzen bereitzustellen.

(2) Das Bundesministerium des Innern oder die von ihm bestimmte Stelle teilt den Ländern monatlich die Zahl der Zugänge von Asylbegehrenden, die voraussichtliche Entwicklung und den voraussichtlichen Bedarf an Unterbringungsplätzen mit.

(3) § 45 des Achten Buches Sozialgesetzbuch (Artikel 1 des Gesetzes vom 26. Juni 1990, BGBl. I S. 1163) gilt nicht für Aufnahmeeinrichtungen.

§ 45 Aufnahmequoten

Die Länder können durch Vereinbarung einen Schlüssel für die Aufnahme von Asylbegehrenden durch die einzelnen Länder (Aufnahmequote) festlegen. Bis zum Zustandekommen dieser Vereinbarung oder bei deren Wegfall richtet sich die Aufnahmequote nach folgendem Schlüssel:

	Sollanteil v.H.
Baden-Württemberg	12,2
Bayern	14,0
Berlin	2,2
Brandenburg	3,5
Bremen	1,0
Hamburg	2,6
Hessen	7,4
Mecklenburg-Vorpommern	2,7
Niedersachsen	9,3
Nordrhein-Westfalen	22,4
Rheinland-Pfalz	4,7
Saarland	1,4
Sachsen	6,5
Sachsen-Anhalt	4,0
Schleswig-Holstein	2,8
Thüringen	3,3

§ 46 Bestimmung der zuständigen Aufnahmeeinrichtung

(1) Zuständig für die Aufnahme des Ausländers ist die Aufnahmeeinrichtung, in der er sich gemeldet hat, wenn sie über einen freien Unterbringungsplatz im Rahmen der Quote nach § 45 verfügt und die ihr zugeordnete Außenstelle des Bundesamtes Asylanträge aus dem Herkunftsland des Ausländers bearbeitet. Liegen diese Voraussetzungen nicht vor, ist die nach Absatz 2 bestimmte Aufnahmeeinrichtung für die Aufnahme des Ausländers zuständig.

(2) Eine vom Bundesministerium des Innern bestimmte zentrale Verteilungsstelle benennt auf Veranlassung einer Aufnahmeeinrichtung dieser die für die Aufnahme des Ausländers zuständige Aufnahmeeinrichtung. Maßgebend dafür sind die Aufnahmequoten nach § 45, in diesem Rahmen die vorhandenen freien Unterbringungsplätze und sodann die Bearbeitungsmöglichkeiten der jeweiligen Außenstelle des Bundesamtes in bezug auf die Herkunftsländer der Ausländer. Von mehreren danach in Betracht kommenden Aufnahmeeinrichtungen wird die nächstgelegene als zuständig benannt.

(3) Die veranlassende Aufnahmeeinrichtung teilt der zentralen Ver-

2. AsylVfG

teilungsstelle nur die Zahl der Ausländer unter Angabe der Herkunftsländer mit. Ehegatten sowie Eltern und ihre minderjährigen ledigen Kinder sind als Gruppe zu melden.
(4) Die Länder stellen sicher, daß die zentrale Verteilungsstelle jederzeit über die für die Bestimmung der zuständigen Aufnahmeeinrichtung erforderlichen Angaben, insbesondere über Zu- und Abgänge, Belegungsstand und alle freien Unterbringungsplätze jeder Aufnahmeeinrichtung unterrichtet ist.
(5) Die Landesregierung oder die von ihr bestimmte Stelle benennt der zentralen Verteilungsstelle die zuständige Aufnahmeeinrichtung für den Fall, daß das Land nach der Quotenregelung zur Aufnahme verpflichtet ist und über keinen freien Unterbringungsplatz in den Aufnahmeeinrichtungen verfügt.

§ 47 Aufenthalt in Aufnahmeeinrichtungen

(1) Ausländer, die den Asylantrag bei einer Außenstelle des Bundesamtes zu stellen haben (§ 14 Abs. 1), sind verpflichtet, bis zu sechs Wochen, längstens jedoch bis zu drei Monaten, in der für ihre Aufnahme zuständigen Aufnahmeeinrichtung zu wohnen. Das gleiche gilt in den Fällen des § 14 Abs. 2 Nr. 2, wenn die Voraussetzungen dieser Vorschrift vor der Entscheidung des Bundesamtes entfallen.
(2) Sind Eltern eines minderjährigen ledigen Kindes verpflichtet, in einer Aufnahmeeinrichtung zu wohnen, so kann auch das Kind in der Aufnahmeeinrichtung wohnen, auch wenn es keinen Asylantrag gestellt hat.
(3) Für die Dauer der Pflicht, in einer Aufnahmeeinrichtung zu wohnen, ist der Ausländer verpflichtet, für die zuständigen Behörden und Gerichte erreichbar zu sein.

§ 48 Beendigung der Verpflichtung, in einer Aufnahmeeinrichtung zu wohnen

Die Verpflichtung, in einer Aufnahmeeinrichtung zu wohnen, endet vor Ablauf von drei Monaten, wenn der Ausländer
1. verpflichtet ist, an einem anderen Ort oder in einer anderen Unterkunft Wohnung zu nehmen,
2. unanfechtbar als Asylberechtigter anerkannt ist oder
3. nach der Antragstellung durch Eheschließung im Bundesgebiet die Voraussetzungen für einen Rechtsanspruch auf Erteilung einer Aufenthaltsgenehmigung nach dem Ausländergesetz erfüllt.

AsylVfG 2.

§ 49 Entlassung aus der Aufnahmeeinrichtung

(1) Die Verpflichtung, in der Aufnahmeeinrichtung zu wohnen, ist zu beenden, wenn eine Abschiebungsandrohung vollziehbar und die Abschiebung kurzfristig nicht möglich ist, oder wenn dem Ausländer nach § 32 a Abs. 1 und 2 des Ausländergesetzes eine Aufenthaltsbefugnis erteilt werden soll.
(2) Die Verpflichtung kann aus Gründen der öffentlichen Gesundheitsvorsorge sowie aus sonstigen Gründen der öffentlichen Sicherheit oder Ordnung oder aus anderen zwingenden Gründen beendet werden.

§ 50 Landesinterne Verteilung

(1) Ausländer sind unverzüglich aus der Aufnahmeeinrichtung zu entlassen und innerhalb des Landes zu verteilen, wenn das Bundesamt der zuständigen Landesbehörde mitteilt, daß
1. nicht oder nicht kurzfristig entschieden werden kann, daß der Asylantrag unbeachtlich oder offensichtlich unbegründet ist und ob Abschiebungshindernisse nach § 53 des Ausländergesetzes in der Person des Ausländers, seines Ehegatten oder seines minderjährigen ledigen Kindes vorliegen, oder
2. das Verwaltungsgericht die aufschiebende Wirkung der Klage gegen die Entscheidung des Bundesamtes angeordnet oder
3. der Bundesbeauftragte gegen die Anerkennung des Ausländers Klage erhoben hat.

Eine Verteilung kann auch erfolgen, wenn der Ausländer aus anderen Gründen nicht mehr verpflichtet ist, in der Aufnahmeeinrichtung zu wohnen.
(2) Die Landesregierung oder die von ihr bestimmte Stelle wird ermächtigt, durch Rechtsverordnung die Verteilung zu regeln, soweit dies nicht durch Landesgesetz geregelt ist.
(3) Die zuständige Landesbehörde teilt innerhalb eines Zeitraumes von drei Arbeitstagen dem Bundesamt den Bezirk der Ausländerbehörde mit, in dem der Ausländer nach einer Verteilung Wohnung zu nehmen hat.
(4) Die zuständige Landesbehörde erläßt die Zuweisungsentscheidung. Die Zuweisungsentscheidung ist schriftlich zu erlassen und mit einer Rechtsbehelfsbelehrung zu versehen. Sie bedarf keiner Begründung. Einer Anhörung des Ausländers bedarf es nicht. Bei der Zuweisung ist die Haushaltsgemeinschaft von Ehegatten und ihren Kindern unter 18 Jahren zu berücksichtigen.
(5) Die Zuweisungsentscheidung ist dem Ausländer selbst zuzustellen. Wird der Ausländer durch einen Bevollmächtigten vertreten oder

2. AsylVfG

hat er einen Empfangsbevollmächtigten benannt, soll ein Abdruck der Zuweisungsentscheidung auch diesem zugeleitet werden.
(6) Der Ausländer hat sich unverzüglich zu der in der Zuweisungsverfügung angegebenen Stelle zu begeben.

§ 51 Länderübergreifende Verteilung

(1) Ist ein Ausländer nicht oder nicht mehr verpflichtet, in einer Aufnahmeeinrichtung zu wohnen, ist der Haushaltsgemeinschaft von Ehegatten sowie Eltern und ihren minderjährigen ledigen Kindern oder sonstigen humanitären Gründen von vergleichbarem Gewicht auch durch länderübergreifende Verteilung Rechnung zu tragen.
(2) Die Verteilung nach Absatz 1 erfolgt auf Antrag des Ausländers. Über den Antrag entscheidet die zuständige Behörde des Landes, für das der weitere Aufenthalt beantragt ist.

§ 52 Quotenanrechnung

Auf die Quoten nach § 45 wird die Aufnahme von Asylbegehrenden in den Fällen des § 14 Abs. 2 Nr. 3 sowie des § 51 angerechnet.

§ 53 Unterbringung in Gemeinschaftsunterkünften

(1) Ausländer, die einen Asylantrag gestellt haben und nicht oder nicht mehr verpflichtet sind, in der Aufnahmeeinrichtung zu wohnen, sollen in der Regel in Gemeinschaftsunterkünften untergebracht werden. Hierbei sind sowohl das öffentliche Interesse als auch Belange des Ausländers zu berücksichtigen.
(2) Eine Verpflichtung, in einer Gemeinschaftsunterkunft zu wohnen, endet, wenn das Bundesamt einen Ausländer als Asylberechtigten anerkannt oder ein Gericht das Bundesamt zur Anerkennung verpflichtet hat, auch wenn ein Rechtsmittel eingelegt worden ist, sofern durch den Ausländer eine anderweitige Unterkunft nachgewiesen wird und der öffentlichen Hand dadurch Mehrkosten nicht entstehen. Das gleiche gilt, wenn das Bundesamt oder ein Gericht festgestellt hat, daß die Voraussetzungen des § 51 Abs. 1 des Ausländergesetzes vorliegen. In den Fällen der Sätze 1 und 2 endet die Verpflichtung auch für den Ehegatten und die minderjährigen Kinder des Ausländers.
(3) § 44 Abs. 3 gilt entsprechend.

§ 54 Unterrichtung des Bundesamtes

Die Ausländerbehörde, in deren Bezirk sich der Ausländer aufzuhalten hat, teilt dem Bundesamt unverzüglich

1. die ladungsfähige Anschrift des Ausländers,
2. eine Ausschreibung zur Aufenthaltsermittlung
mit.

Vierter Abschnitt
Recht des Aufenthalts

Erster Unterabschnitt
Aufenthalt während des Asylverfahrens

§ 55 Aufenthaltsgestattung

(1) Einem Ausländer, der um Asyl nachsucht, ist zur Durchführung des Asylverfahrens der Aufenthalt im Bundesgebiet gestattet (Aufenthaltsgestattung). Er hat keinen Anspruch darauf, sich in einem bestimmten Land oder an einem bestimmten Ort aufzuhalten. Im Falle der unerlaubten Einreise aus einem sicheren Drittstaat (§ 26 a) erwirbt der Ausländer die Aufenthaltsgestattung mit der Stellung eines Asylantrages.
(2) Mit der Stellung eines Asylantrages erlöschen eine Befreiung vom Erfordernis der Aufenthaltsgenehmigung und eine Aufenthaltsgenehmigung mit einer Gesamtgeltungsdauer bis zu sechs Monaten sowie die in § 69 Abs. 2 und 3 des Ausländergesetzes bezeichneten Wirkungen eines Aufenthaltsgenehmigungsantrages. § 69 Abs. 3 des Ausländergesetzes bleibt unberührt, wenn der Ausländer eine Aufenthaltsgenehmigung mit einer Gesamtgeltungsdauer von mehr als sechs Monaten besessen und deren Verlängerung beantragt hat.
(3) Soweit der Erwerb oder die Ausübung eines Rechts oder eine Vergünstigung von der Dauer des Aufenthalts im Bundesgebiet abhängig ist, wird die Zeit eines Aufenthalts nach Absatz 1 nur angerechnet, wenn der Ausländer unanfechtbar anerkannt worden ist.

§ 56 Räumliche Beschränkung

(1) Die Aufenthaltsgestattung ist räumlich auf den Bezirk der Ausländerbehörde beschränkt, in dem die für die Aufnahme des Ausländers zuständige Aufnahmeeinrichtung liegt. In den Fällen des § 14 Abs. 2 Satz 1 ist die Aufenthaltsgestattung räumlich auf den Bezirk der Ausländerbehörde beschränkt, in dem der Ausländer sich aufhält.
(2) Wenn der Ausländer verpflichtet ist, in dem Bezirk einer anderen Ausländerbehörde Aufenthalt zu nehmen, ist die Aufenthaltsgestattung räumlich auf deren Bezirk beschränkt.

2. AsylVfG

§ 57 Verlassen des Aufenthaltsbereichs einer Aufnahmeeinrichtung

(1) Das Bundesamt kann einem Ausländer, der verpflichtet ist, in einer Aufnahmeeinrichtung zu wohnen, erlauben, den Geltungsbereich der Aufenthaltsgestattung vorübergehend zu verlassen, wenn zwingende Gründe es erfordern.

(2) Zur Wahrnehmung von Terminen bei Bevollmächtigten, beim Hohen Flüchtlingskommissar der Vereinten Nationen und bei Organisationen, die sich mit der Betreuung von Flüchtlingen befassen, soll die Erlaubnis unverzüglich erteilt werden.

(3) Der Ausländer kann Termine bei Behörden und Gerichten, bei denen sein persönliches Erscheinen erforderlich ist, ohne Erlaubnis wahrnehmen. Er hat diese Termine der Aufnahmeeinrichtung und dem Bundesamt anzuzeigen.

§ 58 Verlassen eines zugewiesenen Aufenthaltsbereichs

(1) Die Ausländerbehörde kann einem Ausländer, der nicht oder nicht mehr verpflichtet ist, in einer Aufnahmeeinrichtung zu wohnen, erlauben, den Geltungsbereich der Aufenthaltsgestattung vorübergehend zu verlassen oder sich allgemein in dem angrenzenden Bezirk einer Ausländerbehörde aufzuhalten, wenn hieran ein dringendes öffentliches Interesse besteht, zwingende Gründe es erfordern oder die Versagung der Erlaubnis eine unbillige Härte bedeuten würde. Die Erlaubnis bedarf der Zustimmung der Ausländerbehörde, für deren Bezirk der allgemeine Aufenthalt zugelassen wird.

(2) Zur Wahrnehmung von Terminen bei Bevollmächtigten, beim Hohen Flüchtlingskommissar der Vereinten Nationen und bei Organisationen, die sich mit der Betreuung von Flüchtlingen befassen, soll die Erlaubnis erteilt werden.

(3) Der Ausländer kann Termine bei Behörden und Gerichten, bei denen sein persönliches Erscheinen erforderlich ist, ohne Erlaubnis wahrnehmen.

(4) Der Ausländer kann den Geltungsbereich der Aufenthaltsgestattung ohne Erlaubnis vorübergehend verlassen, sofern ihn das Bundesamt als Asylberechtigten anerkannt oder ein Gericht das Bundesamt zur Anerkennung verpflichtet hat, auch wenn die Entscheidung noch nicht unanfechtbar ist; das gleiche gilt, wenn das Bundesamt oder ein Gericht das Vorliegen der Voraussetzungen des § 51 Abs. 1 des Ausländergesetzes festgestellt hat, oder wenn die Abschiebung des Ausländers aus sonstigen rechtlichen oder tatsächlichen Gründen auf Dauer ausgeschlossen ist. Satz 1 gilt entsprechend für den Ehegatten und die minderjährigen ledigen Kinder des Ausländers.

(5) Die Ausländerbehörde eines Kreises oder einer kreisangehörigen Gemeinde kann einem Ausländer die allgemeine Erlaubnis erteilen, sich vorübergehend im gesamten Gebiet des Kreises aufzuhalten.
(6) Um örtlichen Verhältnissen Rechnung zu tragen, können die Landesregierungen durch Rechtsverordnung bestimmen, daß sich Ausländer ohne Erlaubnis vorübergehend in einem die Bezirke mehrerer Ausländerbehörden umfassenden Gebiet aufhalten können.

§ 59 Durchsetzung der räumlichen Beschränkung

(1) Die Verlassenspflicht nach § 36 des Ausländergesetzes kann, soweit erforderlich, auch ohne Androhung durch Anwendung unmittelbaren Zwangs durchgesetzt werden. Reiseweg und Beförderungsmittel sollen vorgeschrieben werden.
(2) Der Ausländer ist festzunehmen und zur Durchsetzung der Verlassenspflicht auf richterliche Anordnung in Haft zu nehmen, wenn die freiwillige Erfüllung der Verlassenspflicht nicht gesichert ist und andernfalls deren Durchsetzung wesentlich erschwert oder gefährdet würde.
(3) Zuständig für Maßnahmen nach den Absätzen 1 und 2 sind
1. die Polizeien der Länder,
2. die Grenzbehörde, bei der der Ausländer um Asyl nachsucht,
3. die Ausländerbehörde, in deren Bezirk sich der Ausländer aufhält,
4. die Aufnahmeeinrichtung, in der der Ausländer sich meldet, sowie
5. die Aufnahmeeinrichtung, die den Ausländer aufgenommen hat.

§ 60 Auflagen

(1) Die Aufenthaltsgestattung kann mit Auflagen versehen werden.
(2) Der Ausländer, der nicht mehr verpflichtet ist, in einer Aufnahmeeinrichtung zu wohnen, kann verpflichtet werden,
1. in einer bestimmten Gemeinde oder in einer bestimmten Unterkunft zu wohnen,
2. in eine bestimmte Gemeinde oder eine bestimmte Unterkunft umzuziehen und dort Wohnung zu nehmen,
3. in dem Bezirk einer anderen Ausländerbehörde desselben Landes Aufenthalt und Wohnung zu nehmen.

Eine Anhörung des Ausländers ist erforderlich in den Fällen des Satzes 1 Nr. 2, wenn er sich länger als sechs Monate in der Gemeinde oder Unterkunft aufgehalten hat. Die Anhörung gilt als erfolgt, wenn der Ausländer oder sein anwaltlicher Vertreter Gelegenheit hatte, sich innerhalb von zwei Wochen zu der vorgesehenen Unterbringung zu äußern. Eine Anhörung unterbleibt, wenn ihr ein zwingendes öffentliches Interesse entgegensteht.

2. AsylVfG

(3) Zuständig für Maßnahmen nach den Absätzen 1 und 2 ist die Ausländerbehörde, auf deren Bezirk der Aufenthalt beschränkt ist.

§ 61 Erwerbstätigkeit

(1) Für die Dauer der Pflicht, in einer Aufnahmeeinrichtung zu wohnen, darf der Ausländer keine Erwerbstätigkeit ausüben.
(2) Die Ausübung einer unselbständigen Erwerbstätigkeit darf nicht durch eine Auflage ausgeschlossen werden, sofern das Bundesamt den Ausländer als Asylberechtigten anerkannt oder ein Gericht das Bundesamt zur Anerkennung verpflichtet hat, auch wenn die Entscheidung noch nicht unanfechtbar ist.

§ 62 Gesundheitsuntersuchung

(1) Ausländer, die in einer Aufnahmeeinrichtung oder Gemeinschaftsunterkunft zu wohnen haben, sind verpflichtet, eine ärztliche Untersuchung auf übertragbare Krankheiten einschließlich einer Röntgenaufnahme der Atmungsorgane zu dulden. Die oberste Landesgesundheitsbehörde oder die von ihr bestimmte Stelle bestimmt den Umfang der Untersuchung und den Arzt, der die Untersuchung durchführt.
(2) Das Ergebnis der Untersuchung ist der für die Unterbringung zuständigen Behörde mitzuteilen.

§ 63 Bescheinigung über die Aufenthaltsgestattung

(1) Dem Ausländer wird nach der Asylantragstellung eine mit den Angaben zur Person und einem Lichtbild versehene Bescheinigung über die Aufenthaltsgestattung ausgestellt, sofern er nicht im Besitz einer Aufenthaltsgenehmigung ist.
(2) Die Bescheinigung ist zu befristen. Solange der Ausländer verpflichtet ist, in einer Aufnahmeeinrichtung zu wohnen, beträgt die Frist längstens drei und im übrigen längstens sechs Monate.
(3) Zuständig für die Ausstellung der Bescheinigung ist das Bundesamt, solange der Ausländer verpflichtet ist, in einer Aufnahmeeinrichtung zu wohnen. Im übrigen ist die Ausländerbehörde zuständig, auf deren Bezirk die Aufenthaltsgestattung beschränkt ist. Auflagen und Änderungen der räumlichen Beschränkung können auch von der Behörde vermerkt werden, die sie verfügt hat.
(4) Die Bescheinigung soll eingezogen werden, wenn die Aufenthaltsgestattung erloschen ist.

AsylVfG 2.

§ 64 Ausweispflicht

(1) Der Ausländer genügt für die Dauer des Asylverfahrens seiner Ausweispflicht mit der Bescheinigung über die Aufenthaltsgestattung.
(2) Die Bescheinigung berechtigt nicht zum Grenzübertritt.

§ 65 Herausgabe des Passes

(1) Dem Ausländer ist nach der Stellung des Asylantrages der Paß oder Paßersatz auszuhändigen, wenn dieser für die weitere Durchführung des Asylverfahrens nicht benötigt wird und der Ausländer eine Aufenthaltsgenehmigung besitzt oder die Ausländerbehörde ihm nach den Vorschriften in anderen Gesetzen eine Aufenthaltsgenehmigung erteilt.
(2) Dem Ausländer kann der Paß oder Paßersatz vorübergehend ausgehändigt werden, wenn dies in den Fällen des § 58 Abs. 1 für eine Reise oder wenn es für die Verlängerung der Gültigkeitsdauer oder die Vorbereitung der Ausreise des Ausländers erforderlich ist.

§ 66 Ausschreibung zur Aufenthaltsermittlung

(1) Der Ausländer kann zur Aufenthaltsermittlung im Ausländerzentralregister und in den Fahndungshilfsmitteln der Polizei ausgeschrieben werden, wenn sein Aufenthaltsort unbekannt ist und er
1. innerhalb einer Woche nicht in der Aufnahmeeinrichtung eintrifft, an die er weitergeleitet worden ist,
2. die Aufnahmeeinrichtung verlassen hat und innerhalb einer Woche nicht zurückgekehrt ist,
3. einer Zuweisungsverfügung oder einer Verfügung nach § 60 Abs. 2 Satz 1 innerhalb einer Woche nicht Folge geleistet hat oder
4. unter der von ihm angegebenen Anschrift oder der Anschrift der Unterkunft, in der er Wohnung zu nehmen hat, nicht erreichbar ist;
die in Nummer 4 bezeichneten Voraussetzungen liegen vor, wenn der Ausländer eine an die Anschrift bewirkte Zustellung nicht innerhalb von zwei Wochen in Empfang genommen hat.
(2) Zuständig, die Ausschreibung zu veranlassen, sind die Aufnahmeeinrichtung, die Ausländerbehörde, in deren Bezirk sich der Ausländer aufzuhalten hat, und das Bundesamt. Die Ausschreibung darf nur von hierzu besonders ermächtigten Personen veranlaßt werden.

§ 67 Erlöschen der Aufenthaltsgestattung

(1) Die Aufenthaltsgestattung erlischt,

2. AsylVfG

1. wenn der Ausländer nach § 18 Abs. 2 und 3 zurückgewiesen oder zurückgeschoben wird,
2. wenn der Ausländer innerhalb von zwei Wochen, nachdem er um Asyl nachgesucht hat, noch keinen Asylantrag gestellt hat,
3. im Falle der Rücknahme des Asylantrags mit der Zustellung der Entscheidung des Bundesamtes,
4. wenn eine nach diesem Gesetz oder nach § 52 des Ausländergesetzes erlassene Abschiebungsandrohung vollziehbar geworden ist,
5. mit der Bekanntgabe einer Abschiebungsanordnung nach § 34 a,
6. im übrigen, wenn die Entscheidung des Bundesamtes unanfechtbar geworden ist.

(2) Stellt der Ausländer den Asylantrag nach Ablauf der in Absatz 1 Nr. 2 genannten Frist, tritt die Aufenthaltsgestattung wieder in Kraft.

Zweiter Unterabschnitt
Aufenthalt nach Abschluß des Asylverfahrens

§ 68 Aufenthaltserlaubnis

(1) Dem Ausländer ist eine unbefristete Aufenthaltserlaubnis zu erteilen, wenn er unanfechtbar als Asylberechtigter anerkannt ist. Bis zur Erteilung der Aufenthaltserlaubnis gilt sein Aufenthalt im Bundesgebiet als erlaubt.

(2) Absatz 1 gilt nicht, wenn der Ausländer aus schwerwiegenden Gründen der öffentlichen Sicherheit und Ordnung ausgewiesen worden ist.

§ 69 Wiederkehr eines Asylberechtigten

(1) Im Falle einer Ausreise des Asylberechtigten erlischt die unbefristete Aufenthaltserlaubnis nicht, solange er im Besitz eines gültigen von einer deutschen Behörde ausgestellten Reiseausweises für Flüchtlinge ist.

(2) Der Ausländer hat auf Grund seiner Anerkennung als Asylberechtigter keinen Anspruch auf erneute Erteilung einer Aufenthaltserlaubnis, wenn er das Bundesgebiet verlassen hat und die Zuständigkeit für die Ausstellung eines Reiseausweises für Flüchtlinge auf einen anderen Staat übergegangen ist.

§ 70 Aufenthaltsbefugnis

(1) Dem Ausländer ist eine Aufenthaltsbefugnis zu erteilen, wenn das Bundesamt oder ein Gericht unanfechtbar das Vorliegen der Voraus-

setzungen des § 51 Abs. 1 des Ausländergesetzes festgestellt hat und die Abschiebung des Ausländers aus rechtlichen oder tatsächlichen Gründen nicht nur vorübergehend unmöglich ist.
(2) Absatz 1 gilt nicht, wenn der Ausländer aus schwerwiegenden Gründen der öffentlichen Sicherheit und Ordnung ausgewiesen worden ist.

Fünfter Abschnitt
Folgeantrag, Zweitantrag

§ 71 Folgeantrag

(1) Stellt der Ausländer nach Rücknahme oder unanfechtbarer Ablehnung eines früheren Asylantrages erneut einen Asylantrag (Folgeantrag), so ist ein weiteres Asylverfahren nur durchzuführen, wenn die Voraussetzungen des § 51 Abs. 1 bis 3 des Verwaltungsverfahrensgesetzes vorliegen; die Prüfung obliegt dem Bundesamt. Das gleiche gilt, wenn der Ausländer eine Erklärung nach § 32 a Abs. 1 Satz 4 des Ausländergesetzes abgegeben hatte.
(2) Der Ausländer hat den Folgeantrag persönlich bei der Außenstelle des Bundesamtes zu stellen, die der Aufnahmeeinrichtung zugeordnet ist, in der er während des früheren Asylverfahrens zu wohnen verpflichtet war. In den Fällen des § 14 Abs. 2 Satz 1 Nr. 2 oder wenn der Ausländer nachweislich am persönlichen Erscheinen gehindert ist, ist der Folgeantrag schriftlich zu stellen. War der Ausländer während des früheren Asylverfahrens nicht verpflichtet, in einer Aufnahmeeinrichtung zu wohnen, sowie in den Fällen des Absatzes 1 Satz 2 ist der Folgeantrag schriftlich bei der Zentrale des Bundesamtes zu stellen. § 14 Abs. 3 gilt entsprechend. § 19 Abs. 1 findet keine Anwendung.
(3) In dem Folgeantrag hat der Ausländer seine Anschrift sowie die Tatsachen und Beweismittel anzugeben, aus denen sich das Vorliegen der Voraussetzungen des § 51 Abs. 1 bis 3 des Verwaltungsverfahrensgesetzes ergibt. Auf Verlangen hat der Ausländer diese Angaben schriftlich zu machen. Von einer Anhörung kann abgesehen werden. § 10 gilt entsprechend.
(4) Liegen die Voraussetzungen des § 51 Abs. 1 bis 3 des Verwaltungsverfahrensgesetzes nicht vor, sind die §§ 34, 35 und 36 entsprechend anzuwenden; im Falle der Abschiebung in einen sicheren Drittstaat (§ 26 a) ist § 34 a entsprechend anzuwenden.
(5) Stellt der Ausländer innerhalb von zwei Jahren, nachdem eine nach Stellung des früheren Asylantrages ergangene Abschiebungsandrohung oder -anordnung vollziehbar geworden ist, einen Folgeantrag,

2. AsylVfG

der nicht zur Durchführung eines weiteren Verfahrens führt, so bedarf es zum Vollzug der Abschiebung keiner erneuten Fristsetzung und Abschiebungsandrohung oder -anordnung. Die Abschiebung darf erst nach einer Mitteilung des Bundesamtes, daß die Voraussetzungen des § 51 Abs. 1 bis 3 des Verwaltungsverfahrensgesetzes nicht vorliegen, vollzogen werden, es sei denn, der Folgeantrag ist offensichtlich unschlüssig oder der Ausländer soll in den sicheren Drittstaat abgeschoben werden.

(6) Absatz 5 gilt auch, wenn der Ausländer zwischenzeitlich das Bundesgebiet verlassen hatte. Im Falle einer unerlaubten Einreise aus einem sicheren Drittstaat (§ 26 a) kann der Ausländer nach § 61 Abs. 1 des Ausländergesetzes dorthin zurückgeschoben werden, ohne daß es der vorherigen Mitteilung des Bundesamtes bedarf.

(7) War der Aufenthalt des Ausländers während des früheren Asylverfahrens räumlich beschränkt, gilt die letzte räumliche Beschränkung fort, solange keine andere Entscheidung ergeht. In den Fällen der Absätze 5 und 6 ist für ausländerrechtliche Maßnahmen auch die Ausländerbehörde zuständig, in deren Bezirk sich der Ausländer aufhält.

(8) Ein Folgeantrag steht der Anordnung von Abschiebungshaft nicht entgegen, es sei denn, es wird ein weiteres Asylverfahren durchgeführt.

§ 71 a Zweitantrag

(1) Stellt der Ausländer nach erfolglosem Abschluß eines Asylverfahrens in einem sicheren Drittstaat (§ 26 a), mit dem die Bundesrepublik Deutschland einen völkerrechtlichen Vertrag über die Zuständigkeit für die Durchführung von Asylverfahren geschlossen hat, im Bundesgebiet einen Asylantrag (Zweitantrag), so ist ein weiteres Asylverfahren nur durchzuführen, wenn die Bundesrepublik Deutschland für die Durchführung des Asylverfahrens zuständig ist und die Voraussetzungen des § 51 Abs. 1 bis 3 des Verwaltungsverfahrensgesetzes vorliegen; die Prüfung obliegt dem Bundesamt.

(2) Für das Verfahren zur Feststellung, ob ein weiteres Asylverfahren durchzuführen ist, gelten die §§ 12 bis 25, 33, 44 bis 54 entsprechend. Von der Anhörung kann abgesehen werden, soweit sie für die Feststellung, daß kein weiteres Asylverfahren durchzuführen ist, nicht erforderlich ist. § 71 Abs. 8 gilt entsprechend.

(3) Der Aufenthalt des Ausländers gilt als geduldet. Die §§ 56 bis 67 gelten entsprechend.

(4) Wird ein weiteres Asylverfahren nicht durchgeführt, sind die §§ 34 bis 36, 41 bis 43 a entsprechend anzuwenden.

(5) Stellt der Ausländer nach Rücknahme oder unanfechtbarer Ablehnung eines Zweitantrages einen weiteren Asylantrag, gilt § 71.

Sechster Abschnitt
Erlöschen der Rechtsstellung

§ 72 Erlöschen

(1) Die Anerkennung als Asylberechtigter und die Feststellung, daß die Voraussetzungen des § 51 Abs. 1 des Ausländergesetzes vorliegen, erlöschen, wenn der Ausländer
1. sich freiwillig durch Annahme oder Erneuerung eines Nationalpasses oder durch sonstige Handlungen erneut dem Schutz des Staates, dessen Staatsangehörigkeit er besitzt, unterstellt,
2. nach Verlust seiner Staatsangehörigkeit diese freiwillig wiedererlangt hat,
3. auf Antrag eine neue Staatsangehörigkeit erworben hat und den Schutz des Staates, dessen Staatsangehörigkeit er erworben hat, genießt oder
4. auf sie verzichtet oder vor Eintritt der Unanfechtbarkeit der Entscheidung des Bundesamtes den Antrag zurücknimmt.

(2) Der Ausländer hat einen Anerkennungsbescheid und einen Reiseausweis unverzüglich bei der Ausländerbehörde abzugeben.

§ 73 Widerruf und Rücknahme

(1) Die Anerkennung als Asylberechtigter und die Feststellung, daß die Voraussetzungen des § 51 Abs. 1 des Ausländergesetzes vorliegen, sind unverzüglich zu widerrufen, wenn die Voraussetzungen für sie nicht mehr vorliegen. In den Fällen des § 26 ist die Anerkennung als Asylberechtigter ferner zu widerrufen, wenn die Anerkennung des Asylberechtigten, von dem die Anerkennung abgeleitet worden ist, erlischt, widerrufen oder zurückgenommen wird und der Ausländer aus anderen Gründen nicht als Asylberechtigter anerkannt werden könnte. Von einem Widerruf ist abzusehen, wenn sich der Ausländer auf zwingende, auf früheren Verfolgungen beruhende Gründe berufen kann, um die Rückkehr in den Staat abzulehnen, dessen Staatsangehörigkeit er besitzt, oder in dem er als Staatenloser seinen gewöhnlichen Aufenthalt hatte.

(2) Die Anerkennung als Asylberechtigter ist zurückzunehmen, wenn sie auf Grund unrichtiger Angaben oder infolge Verschweigens wesentlicher Tatsachen erteilt worden ist und der Ausländer auch aus anderen Gründen nicht anerkannt werden könnte. Satz 1 findet auf die Feststellung, daß die Voraussetzungen des § 51 Abs. 1 des Ausländergesetzes vorliegen, entsprechende Anwendung.

(3) Die Entscheidung, daß ein Abschiebungshindernis nach § 53 Abs. 1, 2, 4 oder 6 des Ausländergesetzes vorliegt, ist zurückzuneh-

2. AsylVfG

men, wenn sie fehlerhaft ist, und zu widerrufen, wenn die Voraussetzungen nicht mehr vorliegen.

(4) Über Widerruf und Rücknahme entscheidet der Leiter des Bundesamtes oder ein von ihm beauftragter Bediensteter. Dem Ausländer ist die beabsichtigte Entscheidung schriftlich mitzuteilen und Gelegenheit zur Äußerung zu geben. Ihm kann aufgegeben werden, sich innerhalb eines Monats schriftlich zu äußern. Hat sich der Ausländer innerhalb dieser Frist nicht geäußert, ist nach Aktenlage zu entscheiden; der Ausländer ist auf diese Rechtsfolge hinzuweisen.

(5) Mitteilungen oder Entscheidungen des Bundesamtes, die eine Frist in Lauf setzen, sind dem Ausländer zuzustellen.

(6) Im Falle der Unanfechtbarkeit des Widerrufs oder der Rücknahme der Anerkennung als Asylberechtigter und der Feststellung, daß die Voraussetzungen des § 51 Abs. 1 des Ausländergesetzes vorliegen, gilt § 72 Abs. 2 entsprechend.

Siebenter Abschnitt
Gerichtsverfahren

§ 74 Klagefrist; Zurückweisung verspäteten Vorbringens

(1) Die Klage gegen Entscheidungen nach diesem Gesetz muß innerhalb von zwei Wochen nach Zustellung der Entscheidung erhoben werden; ist der Antrag nach § 80 Abs. 5 der Verwaltungsgerichtsordnung innerhalb einer Woche zu stellen (§ 36 Abs. 3 Satz 1), ist auch die Klage innerhalb einer Woche zu erheben.

(2) Der Kläger hat die zur Begründung dienenden Tatsachen und Beweismittel binnen einer Frist von einem Monat nach Zustellung der Entscheidung anzugeben. § 87 b Abs. 3 der Verwaltungsgerichtsordnung gilt entsprechend. Der Kläger ist über die Verpflichtung nach Satz 1 und die Folgen der Fristversäumnis zu belehren. Das Vorbringen neuer Tatsachen und Beweismittel bleibt unberührt.

§ 75 Aufschiebende Wirkung der Klage

Die Klage gegen Entscheidungen nach diesem Gesetz hat nur in den Fällen der § 38 Abs. 1 und § 73 aufschiebende Wirkung.

§ 76 Einzelrichter

(1) Die Kammer soll in der Regel in Streitigkeiten nach diesem Gesetz den Rechtsstreit einem ihrer Mitglieder als Einzelrichter zur

Entscheidung übertragen, wenn nicht die Sache besondere Schwierigkeiten tatsächlicher oder rechtlicher Art aufweist oder die Rechtssache grundsätzliche Bedeutung hat.
(2) Der Rechtsstreit darf dem Einzelrichter nicht übertragen werden, wenn bereits vor der Kammer mündlich verhandelt worden ist, es sei denn, daß inzwischen ein Vorbehalts-, Teil- oder Zwischenurteil ergangen ist.
(3) Der Einzelrichter kann nach Anhörung der Beteiligten den Rechtsstreit auf die Kammer zurückübertragen, wenn sich aus einer wesentlichen Änderung der Prozeßlage ergibt, daß die Rechtssache grundsätzliche Bedeutung hat. Eine erneute Übertragung auf den Einzelrichter ist ausgeschlossen.
(4) In Verfahren des vorläufigen Rechtsschutzes entscheidet ein Mitglied der Kammer als Einzelrichter. Der Einzelrichter überträgt den Rechtsstreit auf die Kammer, wenn die Rechtssache grundsätzliche Bedeutung hat oder wenn er von der Rechtsprechung der Kammer abweichen will.
(5) Ein Richter auf Probe darf in den ersten sechs Monaten nach seiner Ernennung nicht Einzelrichter sein.

§ 77 Entscheidung des Gerichts

(1) In Streitigkeiten nach diesem Gesetz stellt das Gericht auf die Sach- und Rechtslage im Zeitpunkt der letzten mündlichen Verhandlung ab; ergeht die Entscheidung ohne mündliche Verhandlung, ist der Zeitpunkt maßgebend, in dem die Entscheidung gefällt wird. § 74 Abs. 2 Satz 2 bleibt unberührt.
(2) Das Gericht sieht von einer weiteren Darstellung des Tatbestandes und der Entscheidungsgründe ab, soweit es den Feststellungen und der Begründung des angefochtenen Verwaltungsaktes folgt und dies in seiner Entscheidung feststellt oder soweit die Beteiligten übereinstimmend darauf verzichten.

§ 78 Rechtsmittel

(1) Das Urteil des Verwaltungsgerichts, durch das die Klage in Rechtsstreitigkeiten nach diesem Gesetz als offensichtlich unzulässig oder offensichtlich unbegründet abgewiesen wird, ist unanfechtbar. Das gilt auch, wenn nur das Klagebegehren gegen die Entscheidung über den Asylantrag als offensichtlich unzulässig oder offensichtlich unbegründet, das Klagebegehren im übrigen hingegen als unzulässig oder unbegründet abgewiesen worden ist.

2. AsylVfG

(2) In den übrigen Fällen steht den Beteiligten die Berufung gegen das Urteil des Verwaltungsgerichts zu, wenn sie von dem Oberverwaltungsgericht zugelassen wird. Die Revision gegen das Urteil des Verwaltungsgerichts findet nicht statt.
(3) Die Berufung ist nur zuzulassen, wenn
1. die Rechtssache grundsätzliche Bedeutung hat oder
2. das Urteil von einer Entscheidung des Oberverwaltungsgerichts, des Bundesverwaltungsgerichts, des Gemeinsamen Senats der obersten Gerichtshöfe des Bundes, oder des Bundesverfassungsgerichts, abweicht und auf dieser Abweichung beruht oder
3. ein in § 138 der Verwaltungsgerichtsordnung bezeichneter Verfahrensmangel geltend gemacht wird und vorliegt.
(4) Die Zulassung der Berufung ist innerhalb von zwei Wochen nach Zustellung des Urteils zu beantragen. Der Antrag ist bei dem Verwaltungsgericht zu stellen. Er muß das angefochtene Urteil bezeichnen. In dem Antrag sind die Gründe, aus denen die Berufung zuzulassen ist, darzulegen. Die Stellung des Antrags hemmt die Rechtskraft des Urteils.
(5) Über den Antrag entscheidet das Oberverwaltungsgericht durch Beschluß, der keiner Begründung bedarf. Mit der Ablehnung des Antrags wird das Urteil rechtskräftig. Läßt das Oberverwaltungsgericht die Berufung zu, wird das Antragsverfahren als Berufungsverfahren fortgesetzt; der Einlegung einer Berufung bedarf es nicht.
(6) Der Antrag nach Absatz 4 tritt im Falle des § 84 Abs. 2 Nr. 2 der Verwaltungsgerichtsordnung an die Stelle der Nichtzulassungsbeschwerde. Für die Gebühren nach der Bundesgebührenordnung für Rechtsanwälte steht er ebenfalls der Nichtzulassungsbeschwerde gleich.
(7) Ein Rechtsbehelf nach § 84 Abs. 2 der Verwaltungsgerichtsordnung ist innerhalb von zwei Wochen nach Zustellung des Gerichtsbescheids zu erheben.

§ 79 Besondere Vorschriften für das Berufungsverfahren

(1) In dem Verfahren vor dem Oberverwaltungsgericht gilt in bezug auf Erklärungen und Beweismittel, die der Kläger nicht innerhalb der Frist des § 74 Abs. 2 Satz 1 vorgebracht hat, § 128 a der Verwaltungsgerichtsordnung entsprechend.
(2) § 130 der Verwaltungsgerichtsordnung findet keine Anwendung.
(3) Das Oberverwaltungsgericht kann der Berufung des Ausländers durch Beschluß stattgeben, wenn es sie einstimmig für begründet und eine mündliche Verhandlung nicht für erforderlich hält. § 125 Abs. 2 Satz 3 bis 5 der Verwaltungsgerichtsordnung gilt entsprechend.

AsylVfG 2.

§ 80 Ausschluß der Beschwerde

Entscheidungen in Rechtsstreitigkeiten nach diesem Gesetz können vorbehaltlich des § 133 Abs. 1 der Verwaltungsgerichtsordnung nicht mit der Beschwerde angefochten werden.

§ 80 a Ruhen des Verfahrens

(1) Für das Klageverfahren gilt § 32 a Abs. 1 entsprechend. Das Ruhen hat auf den Lauf von Fristen für die Einlegung oder Begründung von Rechtsbehelfen keinen Einfluß.
(2) Die Klage gilt als zurückgenommen, wenn der Kläger nicht innerhalb eines Monats nach Ablauf der Geltungsdauer der Aufenthaltsbefugnis nach § 32 a des Ausländergesetzes dem Gericht anzeigt, daß er das Klageverfahren fortführen will.
(3) Das Bundesamt unterrichtet das Gericht unverzüglich über die Erteilung und den Ablauf der Geltungsdauer der Aufenthaltsbefugnis nach § 32 a des Ausländergesetzes.

§ 81 Nichtbetreiben des Verfahrens

Die Klage gilt in einem gerichtlichen Verfahren nach diesem Gesetz als zurückgenommen, wenn der Kläger das Verfahren trotz Aufforderung des Gerichts länger als einen Monat nicht betreibt. Der Kläger trägt die Kosten des Verfahrens. In der Aufforderung ist der Kläger auf die nach Satz 1 und 2 eintretenden Folgen hinzuweisen.

§ 82 Akteneinsicht in Verfahren des vorläufigen Rechtsschutzes

In Verfahren des vorläufigen Rechtsschutzes wird Akteneinsicht auf der Geschäftsstelle des Gerichts gewährt. Die Akten können dem bevollmächtigten Rechtsanwalt zur Mitnahme in seine Wohnung oder Geschäftsräume übergeben werden, wenn ausgeschlossen werden kann, daß sich das Verfahren dadurch verzögert. Für die Versendung von Akten gilt Satz 2 entsprechend.

§ 83 Besondere Spruchkörper

(1) Streitigkeiten nach diesem Gesetz sollen in besonderen Spruchkörpern zusammengefaßt werden.
(2) Die Landesregierungen können bei den Verwaltungsgerichten für Streitigkeiten nach diesem Gesetz durch Rechtsverordnung besondere Spruchkörper bilden und deren Sitz bestimmen. Die Landesregierungen können die Ermächtigung auf andere Stellen übertragen. Die nach

2. AsylVfG

Satz 1 gebildeten Spruchkörper sollen ihren Sitz in räumlicher Nähe zu den Aufnahmeeinrichtungen haben.

§ 83 a   Unterrichtung der Ausländerbehörde

Das Gericht darf der Ausländerbehörde das Ergebnis eines Verfahrens formlos mitteilen.

§ 83 b   Gerichtskosten, Gegenstandswert

(1) Gerichtskosten (Gebühren und Auslagen) werden in Streitigkeiten nach diesem Gesetz nicht erhoben.
(2) In Streitigkeiten nach diesem Gesetz beträgt der Gegenstandswert in Klageverfahren, die die Asylanerkennung einschließlich der Feststellung der Voraussetzungen nach § 51 Abs. 1 des Ausländergesetzes und die Feststellung von Abschiebungshindernissen betreffen, 6 000 Deutsche Mark, in sonstigen Klageverfahren 3 000 Deutsche Mark. In Verfahren des vorläufigen Rechtsschutzes wegen aufenthaltsbeendender Maßnahmen nach diesem Gesetz beträgt der Gegenstandswert 3 000 Deutsche Mark, im übrigen die Hälfte des Wertes der Hauptsache. Sind mehrere natürliche Personen an demselben Verfahren beteiligt, erhöht sich der Wert für jede weitere Person in Klageverfahren um 1 500 Deutsche Mark und in Verfahren des vorläufigen Rechtsschutzes um 750 Deutsche Mark.

Achter Abschnitt
Straf- und Bußgeldvorschriften

§ 84   Verleitung zur mißbräuchlichen Antragstellung

(1) Mit Freiheitsstrafe bis zu drei Jahren oder mit Geldstrafe wird bestraft, wer einen Ausländer verleitet oder dabei unterstützt, im Asylverfahren vor dem Bundesamt oder im gerichtlichen Verfahren unrichtige oder unvollständige Angaben zu machen, um seine Anerkennung als Asylberechtigter oder die Feststellung, daß die Voraussetzungen des § 51 Abs. 1 des Ausländergesetzes vorliegen, zu ermöglichen. In besonders schweren Fällen ist die Strafe Freiheitsstrafe von sechs Monaten bis zu fünf Jahren; ein besonders schwerer Fall liegt in der Regel vor, wenn der Täter gewerbsmäßig oder aus grobem Eigennutz handelt.
(2) Der Versuch ist strafbar.
(3) Wer die Tat zugunsten eines Angehörigen im Sinne des § 11 Abs. 1 Nr. 1 des Strafgesetzbuches begeht, ist straffrei.

AsylVfG 2.

§ 85 Sonstige Straftaten

Mit Freiheitsstrafe bis zu einem Jahr oder mit Geldstrafe wird bestraft, wer
1. entgegen § 50 Abs. 6, auch in Verbindung mit § 71 a Abs. 2 Satz 1, sich nicht unverzüglich zu der angegebenen Stelle begibt,
2. wiederholt einer Aufenthaltsbeschränkung nach § 56 Abs. 1 oder 2, jeweils auch in Verbindung mit § 71 a Abs. 3, zuwiderhandelt,
3. einer vollziehbaren Auflage nach § 60 Abs. 1, auch in Verbindung mit § 71 a Abs. 3, mit der die Ausübung einer Erwerbstätigkeit verboten oder beschränkt wird, zuwiderhandelt,
4. einer vollziehbaren Anordnung nach § 60 Abs. 2 Satz 1, auch in Verbindung mit § 71 a Abs. 3, nicht rechtzeitig nachkommt oder
5. entgegen § 61 Abs. 1, auch in Verbindung mit § 71 a Abs. 3, eine Erwerbstätigkeit ausübt.

§ 86 Bußgeldvorschriften

(1) Ordnungswidrig handelt ein Ausländer, der einer Aufenthaltsbeschränkung nach § 56 Abs. 1 oder 2, jeweils auch in Verbindung mit § 71 a Abs. 3, zuwiderhandelt.
(2) Die Ordnungswidrigkeit kann mit einer Geldbuße bis zu fünftausend Deutsche Mark geahndet werden.

Neunter Abschnitt
Übergangs- und Schlußvorschriften

§ 87 Übergangsvorschriften

(1) Für das Verwaltungsverfahren gelten folgende Übergangsvorschriften:
1. Bereits begonnene Asylverfahren sind nach bisher geltendem Recht zu Ende zu führen, wenn vor dem Inkrafttreten dieses Gesetzes das Bundesamt seine Entscheidung an die Ausländerbehörde zur Zustellung abgesandt hat. Ist das Asylverfahren vor dem Inkrafttreten dieses Gesetzes bestandskräftig abgeschlossen, ist das Bundesamt für die Entscheidung, ob Abschiebungshindernisse nach § 53 des Ausländergesetzes vorliegen, und für den Erlaß einer Abschiebungsandrohung nur zuständig, wenn ein erneutes Asylverfahren durchgeführt wird.
2. Über Folgeanträge, die vor Inkrafttreten dieses Gesetzes gestellt worden sind, entscheidet die Ausländerbehörde nach bisher geltendem Recht.

2. AsylVfG

3. Bei Ausländern, die vor Inkrafttreten dieses Gesetzes einen Asylantrag gestellt haben, richtet sich die Verteilung auf die Länder nach bisher geltendem Recht.

(2) Für die Rechtsbehelfe und das gerichtliche Verfahren gelten folgende Übergangsvorschriften:

1. In den Fällen des Absatzes 1 Nr. 1 und 2 richtet sich die Klagefrist nach bisher geltendem Recht; die örtliche Zuständigkeit des Verwaltungsgerichts bestimmt sich nach § 52 Nr. 2 Satz 3 der Verwaltungsgerichtsordnung in der bis zum Inkrafttreten dieses Gesetzes geltenden Fassung.
2. Die Zulässigkeit eines Rechtsbehelfs gegen einen Verwaltungsakt richtet sich nach bisher geltendem Recht, wenn der Verwaltungsakt vor Inkrafttreten dieses Gesetzes bekanntgegeben worden ist.
3. Die Zulässigkeit eines Rechtsmittels gegen eine gerichtliche Entscheidung richtet sich nach bisher geltendem Recht, wenn die Entscheidung vor Inkrafttreten dieses Gesetzes verkündet oder von Amts wegen anstelle einer Verkündung zugestellt worden ist.
4. Hat ein vor Inkrafttreten dieses Gesetzes eingelegter Rechtsbehelf nach bisher geltendem Recht aufschiebende Wirkung, finden die Vorschriften dieses Gesetzes über den Ausschluß der aufschiebenden Wirkung keine Anwendung.
5. Ist in einem gerichtlichen Verfahren vor Inkrafttreten dieses Gesetzes eine Aufforderung nach § 33 des Asylverfahrensgesetzes in der Fassung der Bekanntmachung vom 9. April 1991 (BGBl. I S. 869), geändert durch Artikel 7 § 13 in Verbindung mit Artikel 11 des Gesetzes vom 12. September 1990 (BGBl. I S. 2002), erlassen worden, gilt insoweit diese Vorschrift fort.

§ 87 a Übergangsvorschriften aus Anlaß der am 1. Juli 1993 in Kraft getretenen Änderungen

(1) Soweit in den folgenden Vorschriften nicht etwas anderes bestimmt ist, gelten die Vorschriften dieses Gesetzes mit Ausnahme der §§ 26 a und 34 a auch für Ausländer, die vor dem 1. Juli 1993 einen Asylantrag gestellt haben. Auf Ausländer, die aus einem Mitgliedstaat der Europäischen Gemeinschaften oder aus einem in der Anlage I bezeichneten Staat eingereist sind, finden die §§ 27, 29 Abs. 1 und 2 entsprechende Anwendung.

(2) Für das Verwaltungsverfahren gelten folgende Übergangsvorschriften:

1. § 10 Abs. 2 Satz 2 und 3, Abs. 3 und 4 findet Anwendung, wenn der Ausländer insoweit ergänzend schriftlich belehrt worden ist.
2. § 33 Abs. 2 gilt nur für Ausländer, die nach dem 1. Juli 1993 in ihren Herkunftsstaat ausreisen.

3. Für Folgeanträge, die vor dem 1. Juli 1993 gestellt worden sind, gelten die Vorschriften der §§ 71 und 87 Abs. 1 Nr. 2 in der bis zu diesem Zeitpunkt geltenden Fassung.

(3) Für die Rechtsbehelfe und das gerichtliche Verfahren gelten folgende Übergangsvorschriften:
1. Die Zulässigkeit eines Rechtsbehelfs gegen einen Verwaltungsakt richtet sich nach dem bis zum 1. Juli 1993 geltenden Recht, wenn der Verwaltungsakt vor diesem Zeitpunkt bekanntgegeben worden ist.
2. Die Zulässigkeit eines Rechtsbehelfs gegen eine gerichtliche Entscheidung richtet sich nach dem bis zum 1. Juli 1993 geltenden Recht, wenn die Entscheidung vor diesem Zeitpunkt verkündet oder von Amts wegen anstelle einer Verkündung zugestellt worden ist.
3. § 76 Abs. 4 findet auf Verfahren, die vor dem 1. Juli 1993 anhängig geworden sind, keine Anwendung.
4. Die Wirksamkeit einer vor dem 1. Juli 1993 bereits erfolgten Übertragung auf den Einzelrichter bleibt von § 76 Abs. 5 unberührt.
5. § 83 Abs. 1 ist bis zum 31. Dezember 1993 nicht anzuwenden.

§ 88 Verordnungsermächtigungen

(1) Das Bundesministerium des Innern bestimmt durch Rechtsverordnung mit Zustimmung des Bundesrates die zuständigen Behörden für die Ausführung völkerrechtlicher Verträge über die Zuständigkeit für die Durchführung von Asylverfahren hinsichtlich
1. der Übermittlung eines Ersuchens an einen anderen Vertragsstaat, einen Ausländer zur Behandlung des Asylbegehrens zu übernehmen,
2. der Entscheidung über das Ersuchen eines anderen Vertragsstaates, einen Ausländer zur Behandlung des Asylbegehrens zu übernehmen,
3. der Übermittlung eines Rückübernahmeantrages an einen anderen Vertragsstaat,
4. der Entscheidung über einen Rückübernahmeantrag eines anderen Vertragsstaates und
5. des Informationsaustausches.

(2) Die Landesregierung kann durch Rechtsverordnung Aufgaben der Aufnahmeeinrichtung auf andere Stellen des Landes übertragen.

§ 89 Einschränkung von Grundrechten

(1) Die Grundrechte der körperlichen Unversehrtheit (Artikel 2

2. AsylVfG

Abs. 2 Satz 1 des Grundgesetzes) und der Freiheit der Person (Artikel 2 Abs. 2 Satz 2 des Grundgesetzes) werden nach Maßgabe dieses Gesetzes eingeschränkt.

(2) Das Verfahren bei Freiheitsentziehungen richtet sich nach dem Gesetz über das gerichtliche Verfahren bei Freiheitsentziehungen in der im Bundesgesetzblatt Teil III, Gliederungsnummer 316-1, veröffentlichten bereinigten Fassung, zuletzt geändert durch Artikel 7 § 21 des Gesetzes vom 12. September 1990 (BGBl. I S. 2002).

§ 90 Allgemeine Verwaltungsvorschriften

Das Bundesministerium des Innern erläßt mit Zustimmung des Bundesrates allgemeine Verwaltungsvorschriften zu diesem Gesetz.

Anlage I
(zu § 26 a)

Finnland
Norwegen
Österreich
Polen
Schweden
Schweiz
Tschechische Republik

Anlage II
(zu § 29 a)

Bulgarien
Gambia
Ghana
Polen
Rumänien
Senegal
Slowakische Republik
Tschechische Republik
Ungarn

3. AuslG

3. Gesetz über die Einreise und den Aufenthalt von Ausländern im Bundesgebiet (Ausländergesetz – AuslG)

Vom 9. Juli 1990 (BGBl. I S. 1354)[1]
(BGBl. III 26-6)
zuletzt geändert durch Gesetz zur Neuregelung des Asylverfahrens vom 26. 6. 1992 (BGBl. I S. 1126)

Inhaltsübersicht

Erster Abschnitt
Allgemeine Bestimmungen

§   1   Einreise und Aufenthalt von Ausländern
§   2   Anwendungsbereich
§   3   Erfordernis der Aufenthaltsgenehmigung
§   4   Paßpflicht

Zweiter Abschnitt
Erteilung und Verlängerung der Aufenthaltsgenehmigung

1. Aufenthaltsgenehmigung

§   5   Arten der Aufenthaltsgenehmigung
§   6   Anspruch auf Aufenthaltsgenehmigung
§   7   Erteilung der Aufenthaltsgenehmigung in sonstigen Fällen
§   8   Besondere Versagungsgründe
§   9   Ausnahmen und Befreiungen von Versagungsgründen
§ 10   Aufenthaltsgenehmigung zur Arbeitsaufnahme
§ 11   Aufenthaltsgenehmigung bei Asylantrag

---

1) Verkündet als Artikel 1 des Gesetzes zur Neuregelung des Ausländerrechts vom 9. 7. 1990 (BGBl. I S. 1354). In Kraft ab 1. 1. 1991.
2) Gemäß Artikel 3 und 8 des Gesetzes zu dem Schengener Übereinkommen vom 19. Juni 1990 betreffend den schrittweisen Abbau der Kontrollen an den gemeinsamen Grenzen vom 15. 7. 1993 (BGBl. II S. 1010) treten die Änderungen an dem Tage in Kraft, an dem das Übereinkommen nach seinem Artikel 139 sowie die Schlußakte und das Protokoll in Kraft treten.

§ 12 Geltungsbereich und Geltungsdauer
§ 13 Verlängerung der Aufenthaltsgenehmigung
§ 14 Bedingungen und Auflagen

2. Aufenthaltserlaubnis und Aufenthaltsberechtigung

§ 15 Aufenthaltserlaubnis
§ 16 Recht auf Wiederkehr
§ 17 Familiennachzug zu Ausländern
§ 18 Ehegattennachzug
§ 19 Eigenständiges Aufenthaltsrecht der Ehegatten
§ 20 Kindernachzug
§ 21 Aufenthaltsrecht der Kinder
§ 22 Nachzug sonstiger Familienangehöriger
§ 23 Ausländische Familienangehörige Deutscher
§ 24 Unbefristete Aufenthaltserlaubnis
§ 25 Unbefristete Aufenthaltserlaubnis für Ehegatten
§ 26 Unbefristete Aufenthaltserlaubnis für nachgezogene Kinder
§ 27 Aufenthaltsberechtigung

3. Aufenthaltsbewilligung

§ 28 Aufenthaltsbewilligung
§ 29 Aufenthaltsbewilligung für Familienangehörige

4. Aufenthaltsbefugnis

§ 30 Aufenthaltsbefugnis
§ 31 Aufenthaltsbefugnis für Familienangehörige
§ 32 Aufnahmebefugnis der obersten Landesbehörden
§ 32 a Aufnahme von Kriegs- und Bürgerkriegsflüchtlingen
§ 33 Übernahme von Ausländern
§ 34 Geltungsdauer der Aufenthaltsbefugnis
§ 35 Daueraufenthalt aus humanitären Gründen

Dritter Abschnitt
Aufenthalts- und paßrechtliche Vorschriften

§ 36 Verlassenspflicht bei räumlicher
      Beschränkung
§ 37 Verbot und Beschränkung der politischen Betätigung
§ 38 Aufenthaltsanzeige
§ 39 Ausweisersatz

3. AuslG

§ 40 Ausweisrechtliche Pflichten
§ 41 Identitätsfeststellung

Vierter Abschnitt
Beendigung des Aufenthalts

1. Begründung der Ausreisepflicht

§ 42 Ausreisepflicht
§ 43 Widerruf der Aufenthaltsgenehmigung
§ 44 Beendigung der Rechtmäßigkeit des Aufenthalts; Fortgeltung von Beschränkungen
§ 45 Ausweisung
§ 46 Einzelne Ausweisungsgründe
§ 47 Ausweisung wegen besonderer Gefährlichkeit
§ 48 Besonderer Ausweisungsschutz

2. Durchsetzung der Ausreisepflicht

§ 49 Abschiebung
§ 50 Androhung der Abschiebung
§ 51 Verbot der Abschiebung politisch Verfolgter
§ 52 Abschiebung bei möglicher politischer Verfolgung
§ 53 Abschiebungshindernisse
§ 54 Aussetzung von Abschiebungen
§ 55 Duldungsgründe
§ 56 Duldung
§ 57 Abschiebungshaft

Fünfter Abschnitt
Grenzübertritt

§ 58 Unerlaubte Einreise; Ausnahme-Visum
§ 59 Grenzübertritt
§ 60 Zurückweisung
§ 61 Zurückschiebung
§ 62 Ausreise

Sechster Abschnitt
Verfahrensvorschriften

§ 63 Zuständigkeit

AuslG 3.

§ 64 Beteiligungserfordernisse
§ 65 Beteiligung des Bundes, Weisungsbefugnis
§ 66 Schriftform; Ausnahme von Formerfordernissen
§ 67 Entscheidung über den Aufenthalt
§ 68 Handlungsfähigkeit Minderjähriger
§ 69 Beantragung der Aufenthaltsgenehmigung
§ 70 Mitwirkung des Ausländers
§ 71 Beschränkungen der Anfechtbarkeit
§ 72 Wirkungen von Widerspruch und Klage
§ 73 Rückbeförderungspflicht der Beförderungsunternehmer
§ 74 Sonstige Pflichten der Beförderungsunternehmer
§ 74 a Pflichten des Flughafenunternehmer
§ 75 Erhebung personenbezogener Daten
§ 76 Übermittlungen an Ausländerbehörden
§ 77 Übermittlungen bei besonderen gesetzlichen Verwendungsregelungen
§ 78 Verfahren bei erkennungsdienstlichen Maßnahmen
§ 79 Übermittlungen durch Ausländerbehörden
§ 80 Speicherung und Löschung personenbezogener Daten
§ 81 Kosten
§ 82 Kostenschuldner; Sicherheitsleistung
§ 83 Umfang der Kostenhaftung; Verjährung
§ 84 Haftung für Lebensunterhalt

Siebenter Abschnitt
Erleichterte Einbürgerung

§ 85 Erleichterte Einbürgerung junger Ausländer
§ 86 Erleichterte Einbürgerung von Ausländern mit langem Aufenthalt
§ 87 Einbürgerung unter Hinnahme von Mehrstaatigkeit
§ 88 Entscheidung bei Straffälligkeit
§ 89 Unterbrechungen des rechtmäßigen Aufenthalts
§ 90 Einbürgerungsgebühr
§ 91 Geltung der allgemeinen Vorschriften

Achter Abschnitt
Straf- und Bußgeldvorschriften

§ 92 Strafvorschriften
§ 93 Bußgeldvorschriften

3. AuslG

Neunter Abschnitt
Übergangs- und Schlußvorschriften

- § 94 Fortgeltung bisheriger Aufenthaltsrechte
- § 95 Fortgeltung sonstiger ausländerrechtlicher Maßnahmen
- § 96 Erhaltung der Rechtsstellung jugendlicher Ausländer
- § 97 Unterbrechungen der Rechtmäßigkeit des Aufenthalts
- § 98 Übergangsregelung für Inhaber einer Aufenthaltserlaubnis
- § 99 Übergangsregelung für Inhaber einer Aufenthaltsbefugnis
- § 100 Übergangsregelung für ehemalige Asylbewerber
- § 101 Ausnahmeregelung für Wehrdienstleistende
- § 102 Übergangsregelung für Verordnungen und Gebühren
- § 103 Einschränkung von Grundrechten
- § 104 Allgemeine Verwaltungsvorschriften
- § 105 Stadtstaatenklausel
- § 106 Berlin-Klausel

Der Bundestag hat mit Zustimmung des Bundesrates das folgende Gesetz beschlossen:

Erster Abschnitt
Allgemeine Bestimmungen

§ 1 Einreise und Aufenthalt von Ausländern

(1) Ausländer können nach Maßgabe dieses Gesetzes in das Gebiet der Bundesrepublik Deutschland einschließlich des Landes Berlin (Bundesgebiet) einreisen und sich darin aufhalten, soweit nicht in anderen Gesetzen etwas anderes bestimmt ist.

(2) Ausländer ist jeder, der nicht Deutscher im Sinne des Artikels 116 Abs. 1 des Grundgesetzes ist.

§ 2 Anwendungsbereich

(1) Dieses Gesetz findet keine Anwendung auf Ausländer,
1. die nach Maßgabe der §§ 18 bis 20 des Gerichtsverfassungsgesetzes nicht der deutschen Gerichtsbarkeit unterliegen,
2. soweit sie nach Maßgabe völkerrechtlicher Verträge für den diplomatischen und konsularischen Verkehr und für die Tätigkeit internationaler Organisationen und Einrichtungen von Einwan-

AuslG 3.

derungsbeschränkungen, von der Ausländermeldepflicht und dem Erfordernis der Aufenthaltsgenehmigung befreit sind und wenn Gegenseitigkeit besteht, sofern die Befreiungen davon abhängig gemacht werden können.
(2) Auf die Ausländer, die nach Europäischem Gemeinschaftsrecht Freizügigkeit genießen, findet dieses Gesetz nur Anwendung, soweit das Europäische Gemeinschaftsrecht und das Aufenthaltsgesetz/EWG keine abweichenden Bestimmungen enthalten.

§ 3 Erfordernis der Aufenthaltsgenehmigung

(1) Ausländer bedürfen für die Einreise und den Aufenthalt im Bundesgebiet einer Aufenthaltsgenehmigung. Das Bundesministerium des Innern sieht zur Erleichterung des Aufenthalts von Ausländern durch Rechtsverordnung mit Zustimmung des Bundesrates Befreiungen vom Erfordernis der Aufenthaltsgenehmigung vor.
(2) Einer Aufenthaltsgenehmigung bedürfen auch Ausländer, die als Besatzungsmitglieder eines Seeschiffes tätig sind, das berechtigt ist, die Bundesflagge zu führen.
(3) Die Aufenthaltsgenehmigung ist vor der Einreise in der Form des Sichtvermerks (Visum) einzuholen. Das Bundesministerium des Innern kann durch Rechtsverordnung mit Zustimmung des Bundesrates bestimmen, daß die Aufenthaltsgenehmigung vor der Einreise bei der Ausländerbehörde oder nach der Einreise eingeholt werden kann.
(4) Das Bundesministerium des Innern kann Rechtsverordnungen nach Absatz 1 Satz 2 und Absatz 3 Satz 2, soweit es zur Erfüllung einer zwischenstaatlichen Vereinbarung oder zur Wahrung öffentlicher Interessen erforderlich ist, ohne Zustimmung des Bundesrates erlassen und ändern. Eine Rechtsverordnung nach Satz 1 tritt spätestens drei Monate nach ihrem Inkrafttreten außer Kraft.
(5) Der Aufenthalt eines Ausländers, der keiner Aufenthaltsgenehmigung bedarf, kann zeitlich und räumlich beschränkt sowie von Bedingungen und Auflagen abhängig gemacht werden.

§ 4 Paßpflicht

(1) Ausländer, die in das Bundesgebiet einreisen oder sich darin aufhalten wollen, müssen einen gültigen Paß besitzen.
(2) Das Bundesministerium des Innern kann durch Rechtsverordnung mit Zustimmung des Bundesrates
1. Ausländer, deren Rückübernahme gesichert ist, von der Paßpflicht befreien,
2. andere amtliche Ausweise als Paßersatz einführen oder zulassen.

3. AuslG

Zweiter Abschnitt
Erteilung und Verlängerung der Aufenthaltsgenehmigung

1. Aufenthaltsgenehmigung

§ 5   Arten der Aufenthaltsgenehmigung

Die Aufenthaltsgenehmigung wird erteilt als
1. Aufenthaltserlaubnis (§§ 15, 17),
2. Aufenthaltsberechtigung (§ 27),
3. Aufenthaltsbewilligung (§§ 28, 29),
4. Aufenthaltsbefugnis (§ 30).

§ 6   Anspruch auf Aufenthaltsgenehmigung

(1) Ausländern ist auf Antrag eine Aufenthaltsgenehmigung zu erteilen, wenn sie darauf einen Anspruch haben. Die Aufenthaltsgenehmigung darf nur versagt werden, soweit der Anspruch auf Grund des § 10 Abs. 2 ausgeschlossen oder wenn es ausdrücklich gesetzlich bestimmt ist.
(2) Soweit ein Anspruch auf Erteilung oder Verlängerung einer Aufenthaltsgenehmigung von der Dauer eines rechtmäßigen Aufenthalts im Bundesgebiet oder des Besitzes einer Aufenthaltungsgenehmigung abhängig ist, werden die Zeiten nicht angerechnet, in denen der Ausländer sich in Strafhaft befunden hat.

§ 7   Erteilung der Aufenthaltsgenehmigung in sonstigen Fällen

(1) Soweit kein Anspruch auf Erteilung einer Aufenthaltsgenehmigung besteht, kann Ausländern, die in das Bundesgebiet einreisen oder sich im Bundesgebiet aufhalten wollen, auf Antrag eine Aufenthaltsgenehmigung erteilt werden.
(2) Die Aufenthaltsgenehmigung wird in der Regel versagt, wenn
1. ein Ausweisungsgrund vorliegt,
2. der Ausländer seinen Lebensunterhalt einschließlich ausreichenden Krankenversicherungsschutzes nicht aus eigener Erwerbstätigkeit, eigenem Vermögen oder sonstigen eigenen Mitteln, aus Unterhaltsleistungen von Familienangehörigen oder Dritten, aus Stipendien, Umschulungs- oder Ausbildungsbeihilfen, aus Arbeitslosengeld oder sonstigen auf einer Beitragsleistung beruhenden öffentlichen Mitteln bestreiten kann oder
3. der Aufenthalt des Ausländers aus einem sonstigen Grunde Interessen der Bundesrepublik Deutschland beeinträchtigt oder gefährdet.

(3) Absatz 2 steht der Erteilung eines Visums ausschließlich für den Zweck der Durchreise durch das Bundesgebiet (Transit-Visum) nicht entgegen, wenn die Ausreise des Ausländers gesichert ist und die Durchreise Interessen der Bundesrepublik Deutschland nicht beeinträchtigt.

§ 8 Besondere Versagungsgründe

(1) Die Aufenthaltsgenehmigung wird auch bei Vorliegen der Voraussetzungen eines Anspruches nach diesem Gesetz versagt, wenn
1. der Ausländer ohne erforderliches Visum eingereist ist,
2. er mit einem Visum eingereist ist, das auf Grund seiner Angaben im Visumsantrag ohne erforderliche Zustimmung der Ausländerbehörde erteilt worden ist,
3. er keinen erforderlichen Paß besitzt,
4. die Identität oder Staatsangehörigkeit des Ausländers ungeklärt ist und er keine Berechtigung zur Rückkehr in einen anderen Staat besitzt.

(2) Ein Ausländer, der ausgewiesen oder abgeschoben worden ist, darf nicht erneut ins Bundesgebiet einreisen und sich darin aufhalten; ihm wird auch bei Vorliegen der Voraussetzungen eines Anspruches nach diesem Gesetz keine Aufenthaltsgenehmigung erteilt. Diese Wirkungen werden auf Antrag in der Regel befristet. Die Frist beginnt mit der Ausreise.

§ 9 Ausnahmen und Befreiungen von Verfassungsgründen

(1) Die Aufenthaltsgenehmigung kann erteilt werden abweichend von
1. § 8 Abs. 1 Nr. 1, wenn die Voraussetzungen eines Anspruches auf Erteilung der Aufenthaltsgenehmigung nach diesem Gesetz offensichtlich erfüllt sind und der Ausländer nur wegen des Zwecks oder der Dauer des beabsichtigten Aufenthalts visumspflichtig ist,
2. § 8 Abs. 1 Nr. 2, wenn die Voraussetzungen eines Anspruches auf Erteilung der Aufenthaltsgenehmigung nach diesem Gesetz offensichtlich erfüllt sind,
3. § 8 Abs. 1 Nr. 3 und 4 in begründeten Einzelfällen, insbesondere bei Vorliegen der Voraussetzungen eines Anspruches auf Erteilung der Aufenthaltsgenehmigung nach diesem Gesetz, wenn der Ausländer sich rechtmäßig im Bundesgebiet aufhält und einen Paß oder eine Rückkehrberechtigung in einen anderen Staat in zumutbarer Weise nicht erlangen kann.

(2) Das Bundesministerium des Innern oder die von ihm bestimmte Stelle kann in begründeten Einzelfällen vor der Einreise des Ausländers

für den Grenzübertritt und einen anschließenden Aufenthalt bis zu sechs Monaten Ausnahmen von § 8 Abs. 1 Nr. 3 und 4 zulassen.

(3) Einem ausgewiesenen oder abgeschobenen Ausländer kann ausnahmsweise vor Ablauf der nach § 8 Abs. 2 Satz 2 bestimmten Frist erlaubt werden, das Bundesgebiet kurzfristig zu betreten, wenn zwingende Gründe seine Anwesenheit erfordern oder die Versagung der Erlaubnis eine unbillige Härte bedeuten würde.

(4) Das Bundesministerium des Innern bestimmt, wenn es zur Erfüllung völkerrechtlicher Verpflichtungen erforderlich ist, zur Erleichterung des vorübergehenden Aufenthalts von Ausländern durch Rechtsverordnung mit Zustimmung des Bundesrates, daß Ausländern die Einreise und ein Aufenthalt von längstens drei Monaten abweichend von § 7 Abs. 2 und § 8 Abs. 2 erlaubt werden kann.

§ 10 Aufenthaltsgenehmigung zur Arbeitsaufnahme

(1) Ausländern, die sich länger als drei Monate im Bundesgebiet aufhalten wollen, um darin eine unselbständige Erwerbstätigkeit auszuüben, wird eine Aufenthaltsgenehmigung nur nach Maßgabe einer Rechtsverordnung nach Absatz 2 erteilt.

(2) Das Bundesministerium des Innern bestimmt durch Rechtsverordnung mit Zustimmung des Bundesrates die Voraussetzungen und Begrenzungen für Aufenthaltsgenehmigungen zur Ausübung einer unselbständigen Erwerbstätigkeit, soweit es zur Wahrung von Interessen der Bundesrepublik Deutschland und der von ihr eingegangenen Verpflichtungen erforderlich ist. Die Verordnung kann Beschränkungen auf bestimmte Berufe, Beschäftigungen und bestimmte Gruppen von Ausländern vorsehen, Art und Geltungsdauer der Aufenthaltsgenehmigung festlegen und die Erteilung einer unbefristeten Aufenthaltsgenehmigung beschränken oder ausschließen.

(3) Auf Verlangen des Bundestages ist die Rechtsverordnung aufzuheben.

§ 11 Aufenthaltsgenehmigung bei Asylantrag

(1) Einem Ausländer, der einen Asylantrag gestellt hat, kann vor dem bestandskräftigen Abschluß des Asylverfahrens eine Aufenthaltsgenehmigung außer in den Fällen eines gesetzlichen Anspruches nur mit Zustimmung der obersten Landesbehörde und nur dann erteilt werden, wenn wichtige Interessen der Bundesrepublik Deutschland es erfordern.

(2) Eine nach der Einreise des Ausländers von der Ausländerbehörde erteilte oder verlängerte Aufenthaltsgenehmigung kann nach den Vor-

schriften dieses Gesetzes ungeachtet des Umstandes verlängert werden, daß der Ausländer einen Asylantrag gestellt hat.

§ 12 Geltungsbereich und Geltungsdauer

(1) Die Aufenthaltsgenehmigung wird für das Bundesgebiet (§ 1 Abs. 1) erteilt. Sie kann, auch nachträglich, räumlich beschränkt werden.
(2) Die Aufenthaltsgenehmigung wird befristet oder, wenn es gesetzlich bestimmt ist, unbefristet erteilt. Ist eine für die Erteilung, die Verlängerung oder die Bestimmung der Geltungsdauer wesentliche Voraussetzung entfallen, kann die befristete Aufenthaltsgenehmigung nachträglich zeitlich beschränkt werden.

§ 13 Verlängerung der Aufenthaltsgenehmigung

(1) Auf die Verlängerung der Aufenthaltsgenehmigung finden dieselben Vorschriften Anwendung wie auf die Erteilung.
(2) Ein Visum, das auf Grund der Angaben des Ausländers im Visumsantrag ohne erforderliche Zustimmung der Ausländerbehörde erteilt wurde, kann auch bei Vorliegen der Voraussetzungen eines Anspruches auf Verlängerung nach diesem Gesetz nicht über eine Geltungsdauer von insgesamt sechs Monaten hinaus verlängert werden. § 9 Abs. 1 Nr. 2 findet entsprechende Anwendung.

§ 14 Bedingungen und Auflagen

(1) Die Aufenthaltsgenehmigung kann mit Bedingungen erteilt und verlängert werden. Sie kann insbesondere von dem Nachweis abhängig gemacht werden, daß ein Dritter die erforderlichen Ausreisekosten oder den Unterhalt des Ausländers für einen bestimmten Zeitraum, der die vorgesehene Aufenthaltsdauer nicht überschreiten darf, ganz oder teilweise zu tragen bereit ist.
(2) Die Aufenthaltsgenehmigung kann, auch nachträglich, mit Auflagen verbunden werden. Insbesondere können das Verbot oder Beschränkungen der Aufnahme einer Erwerbstätigkeit angeordnet werden. Eine unselbständige Erwerbstätigkeit kann nicht der Arbeitserlaubnis zuwider beschränkt oder untersagt werden, solange der Ausländer eine Aufenthaltsgenehmigung besitzt. Satz 3 findet auf eine erlaubte selbständige Erwerbstätigkeit entsprechende Anwendung.
(3) Auflagen können schon vor Erteilung der Aufenthaltsgenehmigung angeordnet werden.

3. AuslG

2. Aufenthaltserlaubnis und Aufenthaltsberechtigung

§ 15 Aufenthaltserlaubnis

Die Aufenthaltsgenehmigung wird als Aufenthaltserlaubnis erteilt, wenn einem Ausländer der Aufenthalt ohne Bindung an einen bestimmten Aufenthaltszweck erlaubt wird.

§ 16 Recht auf Wiederkehr

(1) Einem Ausländer, der als Minderjähriger rechtmäßig seinen gewöhnlichen Aufenthalt im Bundesgebiet hatte, ist abweichend von § 10 eine Aufenthaltserlaubnis zu erteilen, wenn
1. der Ausländer sich vor seiner Ausreise acht Jahre rechtmäßig im Bundesgebiet aufgehalten und sechs Jahre im Bundesgebiet eine Schule besucht hat,
2. sein Lebensunterhalt aus eigener Erwerbstätigkeit oder durch eine Unterhaltsverpflichtung gesichert ist, die ein Dritter für die Dauer von fünf Jahren übernommen hat, und
3. der Antrag auf Erteilung der Aufenthaltserlaubnis nach Vollendung des 15. und vor Vollendung des 21. Lebensjahres sowie vor Ablauf von fünf Jahren seit der Ausreise gestellt wird.

(2) Zur Vermeidung einer besonderen Härte kann von den in Absatz 1 Nr. 1 und 3 bezeichneten Voraussetzungen abgewichen werden. Von den in Absatz 1 Nr. 1 bezeichneten Voraussetzungen kann abgesehen werden, wenn der Ausländer im Bundesgebiet einen anerkannten Schulabschluß erworben hat.

(3) Die Erteilung der Aufenthaltserlaubnis kann versagt werden,
1. wenn der Ausländer ausgewiesen worden war oder ausgewiesen werden konnte, als er das Bundesgebiet verließ,
2. wenn ein Ausweisungsgrund vorliegt oder
3. solange der Ausländer minderjährig und seine persönliche Betreuung im Bundesgebiet nicht gewährleistet ist.

(4) Die Aufenthaltserlaubnis ist zu verlängern, auch wenn der Lebensunterhalt nicht mehr aus eigener Erwerbstätigkeit gesichert oder die Unterhaltsverpflichtung wegen Ablaufs der fünf Jahre entfallen ist.

(5) Einem Ausländer, der von einem Träger im Bundesgebiet Rente bezieht, wird in der Regel eine Aufenthaltserlaubnis erteilt, wenn er sich vor seiner Ausreise mindestens acht Jahre rechtmäßig im Bundesgebiet aufgehalten hat.

§ 17 Familiennachzug zu Ausländern

(1) Einem ausländischen Familienangehörigen eines Ausländers kann

zum Zwecke des nach Artikel 6 des Grundgesetzes gebotenen Schutzes von Ehe und Familie eine Aufenthaltserlaubnis für die Herstellung und Wahrung der familiären Lebensgemeinschaft mit dem Ausländer im Bundesgebiet erteilt und verlängert werden.
(2) Die Aufenthaltserlaubnis darf zu dem in Absatz 1 bezeichneten Zweck nur erteilt werden, wenn
1. der Ausländer eine Aufenthaltserlaubnis oder Aufenthaltsberechtigung besitzt,
2. ausreichender Wohnraum zur Verfügung steht und
3. der Lebensunterhalt des Familienangehörigen aus eigener Erwerbstätigkeit des Ausländers, aus eigenem Vermögen oder sonstigen eigenen Mitteln gesichert ist.
(3) Dem Ehegatten und minderjährigen ledigen Kindern eines Asylberechtigten kann abweichend von Absatz 2 eine Aufenthaltserlaubnis erteilt werden.
(4) Als ausreichender Wohnraum nach den Vorschriften dieses Gesetzes darf nicht mehr gefordert werden, als für die Unterbringung eines Wohnungsuchenden in einer öffentlich geförderten Sozialmietwohnung genügt. Der Wohnraum ist nicht ausreichend, wenn er den auch für Deutsche geltenden Rechtsvorschriften hinsichtlich Beschaffenheit und Belegung nicht genügt. Kinder bis zur Vollendung des zweiten Lebensjahres werden bei der Berechnung des für die Familienunterbringung ausreichenden Wohnraums nicht mitgezählt.
(5) Die Aufenthaltserlaubnis kann auch bei Vorliegen der Voraussetzungen eines Anspruches nach diesem Gesetz versagt werden, wenn gegen den Familienangehörigen ein Ausweisungsgrund vorliegt oder wenn der Ausländer für sonstige ausländische Familienangehörige, die sich im Bundesgebiet aufhalten und denen er allgemein zum Unterhalt verpflichtet ist, oder für Personen in seinem Haushalt, für die er Unterhalt getragen oder auf Grund einer Zusage zu tragen hat, Sozialhilfe in Anspruch nimmt oder in Anspruch nehmen muß.

§ 18 Ehegattennachzug

(1) Dem Ehegatten eines Ausländers ist nach Maßgabe des § 17 eine Aufenthaltserlaubnis zu erteilen, wenn der Ausländer
1. eine Aufenthaltsberechtigung besitzt,
2. als Asylberechtigter anerkannt ist,
3. eine Aufenthaltserlaubnis besitzt, die Ehe schon im Zeitpunkt der Einreise des Ausländers bestanden hat und von diesem bei der erstmaligen Beantragung der Aufenthaltserlaubnis angegeben worden ist oder
4. im Bundesgebiet geboren oder als Minderjähriger eingereist ist, eine unbefristete Aufenthaltserlaubnis oder eine Aufenthaltsbe-

rechtigung besitzt, sich acht Jahre rechtmäßig im Bundesgebiet aufgehalten hat und volljährig ist.

(2) Die Aufenthaltserlaubnis kann abweichend von Absatz 1 Nr. 3 erteilt werden.

(3) In den Fällen des Absatzes 1 Nr. 4 kann dem Ehegatten eine Aufenthaltserlaubnis abweichend von § 17 Abs. 2 Nr. 3 erteilt werden, wenn der Lebensunterhalt der Ehegatten ohne Inanspruchnahme öffentlicher Mittel gesichert ist; der Erteilung der Aufenthaltserlaubnis steht nicht die Inanspruchnahme von Stipendien und Ausbildungsbeihilfen sowie von solchen öffentlichen Mitteln entgegen, die auf einer Beitragsleistung beruhen. Das gleiche gilt, wenn in den Fällen des Absatzes 1 Nr. 4 der Ausländer sich seit fünf Jahren rechtmäßig im Bundesgebiet aufhält und aus der Ehe ein Kind hervorgegangen oder die Ehefrau schwanger ist.

(4) Die Aufenthaltserlaubnis kann abweichend von § 17 Abs. 2 Nr. 2 und 3 befristet verlängert werden, solange die eheliche Lebensgemeinschaft fortbesteht.

(5) Ist nach der Aufhebung der ehelichen Lebensgemeinschaft dem einen Ehegatten der weitere Aufenthalt nach § 19 erlaubt worden, wird dem anderen Ehegatten zur Wiederherstellung der ehelichen Lebensgemeinschaft im Bundesgebiet eine Aufenthaltserlaubnis nur erteilt, wenn er ausgereist war, ohne daß für ihn die Erteilung einer unbefristeten Aufenthaltserlaubnis ausgeschlossen war.

§ 19 Eigenständiges Aufenthaltsrecht der Ehegatten

(1) Die Aufenthaltserlaubnis des Ehegatten wird im Falle der Aufhebung der ehelichen Lebensgemeinschaft als eigenständiges, von dem in § 17 Abs. 1 bezeichneten Aufenthaltszweck unabhängiges Aufenthaltsrecht verlängert, wenn
1. die eheliche Lebensgemeinschaft seit mindestens vier Jahren rechtmäßig im Bundesgebiet bestanden hat,
2. sie seit mindestens drei Jahren rechtmäßig im Bundesgebiet bestanden hat und es zur Vermeidung einer besonderen Härte erforderlich ist, dem Ehegatten den weiteren Aufenthalt zu ermöglichen, oder
3. der Ausländer gestorben ist, während die eheliche Lebensgemeinschaft im Bundesgebiet bestand,

und wenn

4. der Ausländer bis zum Eintritt der in den Nummern 1 bis 3 bezeichneten Voraussetzungen im Besitz der Aufenthaltserlaubnis oder Aufenthaltsberechtigung war, es sei denn, er konnte aus von ihm nicht zu vertretenden Gründen nicht rechtzeitig die Verlängerung der Aufenthaltserlaubnis beantragen.

In den Fällen des Satzes 1 Nr. 2 wird auch berücksichtigt, ob dem

Ehegatten außerhalb des Bundesgebiets wegen der Auflösung der ehelichen Lebensgemeinschaft erhebliche Nachteile drohen.
(2) In den Fällen des Absatzes 1 ist die Aufenthaltserlaubnis für ein Jahr zu verlängern; die Inanspruchnahme von Sozialhilfe steht dieser Verlängerung nicht entgegen. Danach kann die Aufenthaltserlaubnis befristet verlängert werden, solange die Voraussetzungen für die unbefristete Verlängerung nicht vorliegen.
(3) Die Verlängerung der Aufenthaltserlaubnis kann unbeschadet des Absatzes 2 Satz 1 versagt werden, wenn gegen den Ehegatten ein Ausweisungsgrund vorliegt.
(4) Im übrigen wird die Aufenthaltserlaubnis eines Ehegatten mit der unbefristeten Verlängerung zu einem eigenständigen, von dem in § 17 Abs. 1 bezeichneten Aufenthaltszweck unabhängigen Aufenthaltsrecht.

§ 20 Kindernachzug

(1) Dem minderjährigen ledigen Kind eines Asylberechtigten ist nach Maßgabe des § 17 eine Aufenthaltserlaubnis zu erteilen.
(2) Dem ledigen Kind eines sonstigen Ausländers ist nach Maßgabe des § 17 eine Aufenthaltserlaubnis zu erteilen, wenn
1. auch der andere Elternteil eine Aufenthaltserlaubnis oder Aufenthaltsberechtigung besitzt oder gestorben ist und
2. das Kind das 16. Lebensjahr noch nicht vollendet hat.
(3) Von der in Absatz 2 Nr. 1 bezeichneten Voraussetzung kann abgesehen werden, wenn die Eltern nicht oder nicht mehr miteinander verheiratet sind. Einem Kind, das sich seit fünf Jahren rechtmäßig im Bundesgebiet aufhält, kann die Aufenthaltserlaubnis abweichend von Absatz 2 Nr. 1 und § 17 Abs. 2 Nr. 3 erteilt werden.
(4) Im übrigen kann dem minderjährigen ledigen Kind eines Ausländers nach Maßgabe des § 17 eine Aufenthaltserlaubnis erteilt werden, wenn
1. das Kind die deutsche Sprache beherrscht oder gewährleistet erscheint, daß es sich auf Grund seiner bisherigen Ausbildung und Lebensverhältnisse in die Lebensverhältnisse in der Bundesrepublik Deutschland einfügen kann oder
2. es auf Grund der Umstände des Einzelfalles zur Vermeidung einer besonderen Härte erforderlich ist.
(5) Dem minderjährigen ledigen Kind eines Ausländers, der im Bundesgebiet geboren oder als Minderjähriger eingereist ist, kann die Aufenthaltserlaubnis abweichend von § 17 Abs. 2 Nr. 3 erteilt werden, wenn der Lebensunterhalt ohne Inanspruchnahme öffentlicher Mittel gesichert ist. Der Erteilung der Aufenthaltserlaubnis steht nicht die Inanspruchnahme von Stipendien und Ausbildungsbeihilfen sowie von

solchen öffentlichen Mitteln entgegen, die auf einer Beitragsleistung beruhen.
(6) Die einem Kind erteilte Aufenthaltserlaubnis wird abweichend von § 17 Abs. 2 Nr. 2 und 3 verlängert.

§ 21 Aufenthaltsrecht der Kinder

(1) Einem Kind, das im Bundesgebiet geboren wird, ist von Amts wegen eine Aufenthaltserlaubnis zu erteilen, wenn die Mutter eine Aufenthaltserlaubnis oder Aufenthaltsberechtigung besitzt. Die Aufenthaltserlaubnis ist nach Maßgabe des § 17 zu verlängern, solange die Mutter oder der allein personensorgeberechtigte Vater eine Aufenthaltserlaubnis oder Aufenthaltsberechtigung besitzt. Sie wird abweichend von § 17 Abs. 2 Nr. 2 und 3 verlängert.
(2) Auf die Verlängerung der einem Kind erteilten Aufenthaltserlaubnis findet, soweit die Voraussetzungen des Absatzes 1 und der §§ 17 und 20 nicht vorliegen, § 16 entsprechende Anwendung.
(3) Die einem Kind erteilte Aufenthaltserlaubnis wird zu einem eigenständigen, von dem in § 17 Abs. 1 bezeichneten Aufenthaltszweck unabhängigen Aufenthaltsrecht, wenn sie unbefristet oder in entsprechender Anwendung des § 16 verlängert wird oder wenn das Kind volljährig wird.
(4) Die Aufenthaltserlaubnis kann befristet verlängert werden, solange die Voraussetzungen für die unbefristete Verlängerung noch nicht vorliegen.

§ 22 Nachzug sonstiger Familienangehöriger

Einem sonstigen Familienangehörigen eines Ausländers kann nach Maßgabe des § 17 eine Aufenthaltserlaubnis erteilt werden, wenn es zur Vermeidung einer außergewöhnlichen Härte erforderlich ist. Auf volljährige Familienangehörige finden § 18 Abs. 4 und § 19 und auf minderjährige Familienangehörige § 20 Abs. 6 und § 21 Abs. 2 bis 4 entsprechende Anwendung.

§ 23 Ausländische Familienangehörige Deutscher

(1) Die Aufenthaltserlaubnis ist nach Maßgabe des § 17 Abs. 1
1. dem ausländischen Ehegatten eines Deutschen,
2. dem ausländischen minderjährigen ledigen Kind eines Deutschen,
3. dem ausländischen Elternteil eines minderjährigen ledigen Deutschen zur Ausübung der Personensorge

zu erteilen, wenn der Deutsche seinen gewöhnlichen Aufenthalt im Bundesgebiet hat.

(2) Die Aufenthaltserlaubnis wird in der Regel für drei Jahre erteilt. Sie wird befristet verlängert, solange die familiäre Lebensgemeinschaft mit dem Deutschen im Bundesgebiet fortbesteht und die Voraussetzungen für die unbefristete Verlängerung noch nicht vorliegen.
(3) § 17 Abs. 5 und die §§ 19 und 21 finden entsprechende Anwendung; an die Stelle der Aufenthaltsgenehmigung des Ausländers tritt der gewöhnliche Aufenthalt des Deutschen im Bundesgebiet.
(4) Auf sonstige Familienangehörige findet § 22 entsprechende Anwendung.

§ 24 Unbefristete Aufenthaltserlaubnis

(1) Die Aufenthaltserlaubnis ist unbefristet zu verlängern, wenn der Ausländer
1. die Aufenthaltserlaubnis seit fünf Jahren besitzt,
2. eine besondere Arbeitserlaubnis besitzt, sofern er Arbeitnehmer ist,
3. im Besitz der sonstigen für eine dauernde Ausübung seiner Erwerbstätigkeit erforderlichen Erlaubnisse ist,
4. sich auf einfache Art in deutscher Sprache mündlich verständigen kann,
5. über ausreichenden Wohnraum (§ 17 Abs. 4) für sich und seine mit ihm in häuslicher Gemeinschaft lebenden Familienangehörigen verfügt

und wenn
6. kein Ausweisungsgrund vorliegt.

(2) Ist der Ausländer nicht erwerbstätig, wird die Aufenthaltserlaubnis nach Maßgabe des Absatzes 1 nur verlängert, wenn der Lebensunterhalt des Ausländers
1. aus eigenem Vermögen oder aus sonstigen eigenen Mitteln oder
2. durch einen Anspruch auf Arbeitslosengeld oder noch für sechs Monate durch einen Anspruch auf Arbeitslosenhilfe

gesichert ist.
Im Falle des Satzes 1 Nr. 2 kann die Aufenthaltserlaubnis nachträglich zeitlich beschränkt werden, wenn der Ausländer nicht innerhalb von drei Jahren nachweist, daß sein Lebensunterhalt aus eigener Erwerbstätigkeit gesichert ist.

§ 25 Unbefristete Aufenthaltserlaubnis für Ehegatten

(1) Bei Ehegatten, die in ehelicher Lebensgemeinschaft zusammenleben, genügt es, wenn die in § 24 Abs. 1 Nr. 2 und 3 und Abs. 2 Satz 1 bezeichneten Voraussetzungen durch einen Ehegatten erfüllt werden.

3. AuslG

(2) Die einem Ehegatten nach § 18 erteilte Aufenthaltserlaubnis wird nach Aufhebung der ehelichen Lebensgemeinschaft abweichend von § 24 Abs. 1 Nr. 2 und 3 und Abs. 2 Satz 1 unbefristet verlängert, wenn der Lebensunterhalt des Ehegatten durch Unterhaltsleistungen aus eigenen Mitteln des Ausländers gesichert ist und dieser eine unbefristete Aufenthaltserlaubnis oder Aufenthaltsberechtigung besitzt.

(3) Die dem Ehegatten eines Deutschen erteilte Aufenthaltserlaubnis ist in der Regel nach drei Jahren unbefristet zu verlängern, wenn die eheliche Lebensgemeinschaft mit dem Deutschen fortbesteht und die in § 24 Abs. 1 Nr. 4 und 6 bezeichneten Voraussetzungen vorliegen. Im Falle der Aufhebung der ehelichen Lebensgemeinschaft findet Absatz 2 entsprechende Anwendung.

§ 26 Unbefristete Aufenthaltserlaubnis für nachgezogene Kinder

(1) Die einem minderjährigen Ausländer zu dem in § 17 Abs. 1 bezeichneten Zweck erteilte Aufenthaltserlaubnis ist abweichend von § 24 unbefristet zu verlängern, wenn der Ausländer im Zeitpunkt der Vollendung seines 16. Lebensjahres seit acht Jahren im Besitz der Aufenthaltserlaubnis ist. Das gleiche gilt, wenn der Ausländer
1. volljährig und seit acht Jahren im Besitz der Aufenthaltserlaubnis ist,
2. über ausreichende Kenntnisse der deutschen Sprache verfügt und
3. seinen Lebensunterhalt aus eigener Erwerbstätigkeit, eigenem Vermögen oder sonstigen eigenen Mitteln bestreiten kann oder sich in einer Ausbildung befindet, die zu einem anerkannten schulischen oder beruflichen Bildungsabschluß führt.

(2) Auf die nach Absatz 1 erforderliche Dauer des Besitzes der Aufenthaltserlaubnis werden in der Regel nicht die Zeiten angerechnet, in denen der Ausländer außerhalb des Bundesgebiets die Schule besucht hat.

(3) Die unbefristete Aufenthaltserlaubnis darf nur versagt werden, wenn
1. ein auf dem persönlichen Verhalten des Ausländers beruhender Ausweisungsgrund vorliegt,
2. der Ausländer in den letzten drei Jahren wegen einer vorsätzlichen Straftat zu einer Jugend- oder Freiheitsstrafe von mindestens sechs Monaten oder einer Geldstrafe von mindestens 180 Tagessätzen verurteilt worden oder wenn die Verhängung einer Jugendstrafe ausgesetzt ist oder
3. der Lebensunterhalt nicht ohne Inanspruchnahme von Sozialhilfe oder Jugendhilfe nach dem Achten Buch Sozialgesetzbuch gesichert ist, es sei denn, der Ausländer befindet sich in einer Aus-

bildung, die zu einem anerkannten schulischen oder beruflichen Bildungsabschluß führt.
In den Fällen des Satzes 1 kann die Aufenthaltserlaubnis befristet verlängert werden. Ist im Falle des Satzes 1 Nr. 2 die Jugend- oder Freiheitsstrafe zur Bewährung oder die Verhängung einer Jugendstrafe ausgesetzt, wird die Aufenthaltserlaubnis in der Regel bis zum Ablauf der Bewährungszeit befristet verlängert.

§ 27 Aufenthaltsberechtigung

(1) Die Aufenthaltsberechtigung ist zeitlich und räumlich unbeschränkt. Sie kann nicht mit Bedingungen und Auflagen verbunden werden. § 37 bleibt unberührt.
(2) Einem Ausländer ist die Aufenthaltsberechtigung zu erteilen, wenn
1. er seit
    a) acht Jahren die Aufenthaltserlaubnis besitzt oder
    b) drei Jahren die unbefristete Aufenthaltserlaubnis besitzt und zuvor im Besitz einer Aufenthaltsbefugnis war,
2. sein Lebensunterhalt aus eigener Erwerbstätigkeit, eigenem Vermögen oder sonstigen eigenen Mitteln gesichert ist,
3. er mindestens 60 Monate Pflichtbeiträge oder freiwillige Beiträge zur gesetzlichen Rentenversicherung geleistet hat oder Aufwendungen nachweist für einen Anspruch auf vergleichbare Leistungen einer Versicherungs- oder Versorgungseinrichtung oder eines Versicherungsunternehmens,
4. er in den letzten drei Jahren nicht wegen einer vorsätzlichen Straftat zu einer Jugend- oder Freiheitsstrafe von sechs Monaten oder einer Geldstrafe von 180 Tagessätzen oder einer höheren Strafe verurteilt worden ist und
5. die in § 24 Abs. 1 Nr. 2 bis 6 bezeichneten Voraussetzungen vorliegen.

(3) In begründeten Fällen kann abweichend von Absatz 2 Nr. 1 einem Ausländer die Aufenthaltsberechtigung erteilt werden, wenn er seit fünf Jahren die Aufenthaltserlaubnis besitzt. Ein solcher Fall liegt insbesondere vor bei
1. ehemaligen deutschen Staatsangehörigen.
2. Ausländern, die mit einem Deutschen in ehelicher Lebensgemeinschaft leben,
3. Asylberechtigten und diesen gleichgestellten Ausländern.

(4) Bei Ehegatten, die in ehelicher Lebensgemeinschaft zusammenleben, genügt es, wenn die in Absatz 2 Nr. 2 und 3 und in § 24 Abs. 1 Nr. 2 und 3 bezeichneten Voraussetzungen durch einen Ehegatten erfüllt werden.

3. AuslG

(5) Bei straffälligen Ausländern beginnt die in Absatz 2 Nr. 4 bezeichnete Frist mit der Entlassung aus der Strafhaft.

3. Aufenthaltsbewilligung

§ 28 Aufenthaltsbewilligung

(1) Die Aufenthaltsgenehmigung wird als Aufenthaltsbewilligung erteilt, wenn einem Ausländer der Aufenthalt nur für einen bestimmten, seiner Natur nach einen nur vorübergehenden Aufenthalt erfordernden Zweck erlaubt wird. § 10 bleibt unberührt.
(2) Die Aufenthaltsbewilligung wird dem Aufenthaltszweck entsprechend befristet. Sie wird für längstens zwei Jahre erteilt und kann um jeweils längstens zwei Jahre nur verlängert werden, wenn der Aufenthaltszweck noch nicht erreicht ist und in einem angemessenen Zeitraum noch erreicht werden kann.
(3) Einem Ausländer kann in der Regel vor seiner Ausreise die Aufenthaltsbewilligung nicht für einen anderen Aufenthaltszweck erneut erteilt oder verlängert werden. Eine Aufenthaltserlaubnis kann vor Ablauf eines Jahres seit der Ausreise des Ausländers nicht erteilt werden; dies gilt nicht in den Fällen eines gesetzlichen Anspruches oder wenn es im öffentlichen Interesse liegt. Sätze 1 und 2 finden keine Anwendung auf Ausländer, die sich noch nicht länger als ein Jahr im Bundesgebiet aufhalten.
(4) Einem Ausländer, der sich aus beruflichen oder familiären Gründen wiederholt im Bundesgebiet aufhalten will, kann ein Visum mit der Maßgabe erteilt werden, daß er sich bis zu insgesamt drei Monaten jährlich im Bundesgebiet aufhalten darf. Einem Ausländer, der von einem Träger im Bundesgebiet eine Rente bezieht und der familiäre Bindungen im Bundesgebiet hat, wird in der Regel ein Visum nach Satz 1 erteilt.

§ 29 Aufenthaltsbewilligung für Familienangehörige

(1) Dem Ehegatten eines Ausländers, der eine Aufenthaltsbewilligung besitzt, kann zum Zwecke des nach Artikel 6 des Grundgesetzes gebotenen Schutzes von Ehe und Familie eine Aufenthaltsbewilligung für die Herstellung und Wahrung der ehelichen Lebensgemeinschaft mit dem Ausländer im Bundesgebiet erteilt werden, wenn
1. der Lebensunterhalt des Ausländers und des Ehegatten ohne Inanspruchnahme von Sozialhilfe gesichert ist und
2. ausreichender Wohnraum (§ 17 Abs. 4) zur Verfügung steht.

(2) Einem minderjährigen ledigen Kind eines Ausländers, der eine Aufenthaltsbewilligung besitzt, wird in entsprechender Anwendung der für die Erteilung der Aufenthaltserlaubnis an ein minderjähriges lediges Kind geltenden Vorschriften des § 20 Abs. 2 bis 4 und des § 21 Abs. 1 Satz 1 eine Aufenthaltsbewilligung erteilt. Als gesicherter Lebensunterhalt genügt, daß dieser ohne Inanspruchnahme von Sozialhilfe gesichert ist.

(3) Die Aufenthaltsbewilligung des Ehegatten und eines Kindes kann nur verlängert werden, solange der Ausländer eine Aufenthaltsbewilligung besitzt und die familiäre Lebensgemeinschaft mit ihm fortbesteht. Von der Voraussetzung des gesicherten Lebensunterhalts kann bei der Verlängerung abgesehen werden.

4. Aufenthaltsbefugnis

§ 30 Aufenthaltsbefugnis

(1) Die Aufenthaltsgenehmigung wird als Aufenthaltsbefugnis erteilt, wenn einem Ausländer aus völkerrechtlichen oder dringenden humanitären Gründen oder zur Wahrung politischer Interessen der Bundesrepublik Deutschland Einreise und Aufenthalt im Bundesgebiet erlaubt werden soll und die Erteilung einer Aufenthaltserlaubnis ausgeschlossen ist oder ihr einer der in § 7 Abs. 2 bezeichneten Versagungsgründe entgegensteht.

(2) Einem Ausländer, der sich rechtmäßig im Bundesgebiet aufhält, kann aus dringenden humanitären Gründen eine Aufenthaltsbefugnis erteilt werden, wenn
1. die Erteilung oder Verlängerung einer anderen Aufenthaltsgenehmigung ausgeschlossen ist und
2. auf Grund besonderer Umstände des Einzelfalles das Verlassen des Bundesgebiets für den Ausländer eine außergewöhnliche Härte bedeuten würde;

soweit der Ausländer nicht mit einem weiteren Aufenthalt im Bundesgebiet rechnen durfte, sind die Dauer des bisherigen Aufenthalts des Ausländers und seiner Familienangehörigen nicht als dringende humanitäre Gründe anzusehen.

(3) Einem Ausländer, der unanfechtbar ausreisepflichtig ist, kann eine Aufenthaltsbefugnis abweichend von § 8 Abs. 1 erteilt werden, wenn die Voraussetzungen des § 55 Abs. 2 für eine Duldung vorliegen, weil seiner freiwilligen Ausreise und seiner Abschiebung Hindernisse entgegenstehen, die er nicht zu vertreten hat.

(4) Im übrigen kann einem Ausländer, der seit mindestens zwei Jahren unanfechtbar ausreisepflichtig ist und eine Duldung besitzt,

3. AuslG

abweichend von § 8 Abs. 1 und 2 eine Aufenthaltsbefugnis erteilt werden, es sei denn, der Ausländer weigert sich, zumutbare Anforderungen zur Beseitigung des Abschiebungshindernisses zu erfüllen.
(5) Einem Ausländer, dessen Asylantrag unanfechtbar abgelehnt worden ist oder der seinen Asylantrag zurückgenommen hat, darf eine Aufenthaltsbefugnis nur nach Maßgabe der Absätze 3 und 4 erteilt werden.

§ 31 Aufenthaltsbefugnis für Familienangehörige

(1) Dem Ehegatten und einem minderjährigen ledigen Kind eines Ausländers, der eine Aufenthaltsbefugnis besitzt, darf nach Maßgabe des § 30 Abs. 1 bis 4 und abweichend von § 30 Abs. 5 eine Aufenthaltsbefugnis zur Herstellung und Wahrung der familiären Lebensgemeinschaft mit dem Ausländer im Bundesgebiet erteilt werden.
(2) Einem Kind, das im Bundesgebiet geboren wird, ist von Amts wegen eine Aufenthaltsbefugnis zu erteilen, wenn die Mutter eine Aufenthaltsbefugnis besitzt. Die Aufenthaltsbefugnis ist zu verlängern, solange die Mutter oder der allein personensorgeberechtigte Vater eine Aufenthaltsbefugnis besitzt.

§ 32 Aufnahmebefugnis der obersten Landesbehörden

Die oberste Landesbehörde kann aus völkerrechtlichen oder humanitären Gründen oder zur Wahrung politischer Interessen der Bundesrepublik Deutschland anordnen, daß Ausländern aus bestimmten Staaten oder daß in sonstiger Weise bestimmten Ausländergruppen nach den §§ 30 und 31 Abs. 1 eine Aufenthaltsbefugnis erteilt wird und daß erteilte Aufenthaltsbefugnisse verlängert werden. Zur Wahrung der Bundeseinheitlichkeit bedarf die Anordnung des Einvernehmens mit dem Bundesministerium des Innern.

§ 32 a Aufnahme von Kriegs- und Bürgerkriegsflüchtlingen

(1) Verständigen sich der Bund und die Länder einvernehmlich darüber, daß Ausländer aus Kriegs- oder Bürgerkriegsgebieten vorübergehend Schutz in der Bundesrepublik Deutschland erhalten, ordnet die oberste Landesbehörde an, daß diesen Ausländern zur vorübergehenden Aufnahme eine Aufenthaltsbefugnis erteilt und verlängert wird. Zur Wahrung der Bundeseinheitlichkeit bedarf die Anordnung des Einvernehmens mit dem Bundesministerium des Innern. Die Anordnung kann vorsehen, daß die Aufenthaltsbefugnis abweichend von § 7 Abs. 2 und § 8 Abs. 1 erteilt wird. Die Anordnung kann insbesondere

AuslG 3.

auch vorsehen, daß die Aufenthaltsbefugnis nur erteilt wird, wenn der Ausländer einen vor Erlaß der Anordnung gestellten Asylantrag zurücknimmt oder erklärt, daß ihm keine politische Verfolgung im Sinne des § 51 Abs. 1 droht.
(2) Die Aufenthaltsbefugnis darf nur erteilt werden, wenn der Ausländer keinen Asylantrag stellt oder einen nach Erlaß der Anordnung nach Absatz 1 gestellten Asylantrag zurücknimmt.
(3) Familienangehörigen eines nach Absatz 1 aufgenommenen Ausländers darf eine Aufenthaltsbefugnis nur nach Maßgabe der Absätze 1 und 2 erteilt werden.
(4) Die Ausländerbehörde unterrichtet unverzüglich das Bundesamt für die Anerkennung ausländischer Flüchtlinge über die Erteilung und den Ablauf der Geltungsdauer der Aufenthaltsbefugnis, wenn sie einem Ausländer erteilt wird, der einen Asylantrag gestellt und nicht nach Absatz 1 Satz 4 oder Absatz 2 zurückzunehmen hat. Sie hat den Ausländer über die Regelungen des § 32 a Abs. 2 und des § 80 a Abs. 2 des Asylverfahrensgesetzes schriftlich zu belehren.
(5) Der Ausländer hat keinen Anspruch darauf, sich in einem bestimmten Land oder an einem bestimmten Ort aufzuhalten. Er darf seinen Wohnsitz und seinen gewöhnlichen Aufenthalt nur in dem Gebiet des Landes nehmen, das die Aufenthaltsbefugnis erteilt hat, im Falle der Verteilung nur im Gebiet des Landes, in das er verteilt worden ist. Ist in einem Zuweisungsbescheid ein bestimmter Ort angegeben, hat der Ausländer an diesem Ort seinen Wohnsitz und gewöhnlichen Aufenthalt zu nehmen. Die Ausländerbehörde eines anderen Landes kann in begründeten Ausnahmefällen dem Ausländer erlauben, in ihrem Bezirk seinen Wohnsitz und gewöhnlichen Aufenthalt zu nehmen.
(6) Die Ausübung einer unselbständigen Erwerbstätigkeit darf nicht durch eine Auflage ausgeschlossen werden.
(7) Ist der Ausländer nicht im Besitz eines gültigen Passes oder Paßersatzes, wird ihm ein Ausweisersatz ausgestellt.
(8) Im Falle der Aufhebung der Anordnung kann die Aufenthaltsbefugnis widerrufen werden. Widerspruch und Klage haben keine aufschiebende Wirkung.
(9) Sind die Voraussetzungen für die Erteilung der Aufenthaltsbefugnis nach Absatz 1 entfallen, hat der Ausländer das Bundesgebiet innerhalb einer Frist von vier Wochen nach dem Erlöschen der Aufenthaltsbefugnis zu verlassen. Die Ausreisepflicht ist vollziehbar, auch wenn der Ausländer die Verlängerung der Aufenthaltsbefugnis oder die Erteilung einer anderen Aufenthaltsgenehmigung beantragt hat.
(10) Die Länder können Kontingente für die vorübergehende Aufnahme von Ausländern nach Absatz 1 vereinbaren. Auf die Kontingente werden die Ausländer angerechnet, die sich bereits erlaubt oder geduldet im Bundesgebiet aufhalten und die Aufnahmevoraussetzun-

gen nach den Absätzen 1 und 2 erfüllen. Ausländer, die eine Aufenthaltsberechtigung oder eine im Bundesgebiet erteilte oder verlängerte Aufenthaltserlaubnis oder Aufenthaltsbewilligung oder eine Aufenthaltsbefugnis mit einer Gesamtgeltungsdauer von mehr als zwölf Monaten besitzen, werden nicht angerechnet.
(11) Die Länder können vereinbaren, daß die aufzunehmenden Ausländer auf die Länder verteilt werden. Die Verteilung auf die Länder erfolgt durch eine vom Bundesministerium des Innern bestimmte zentrale Verteilungsstelle. Solange die Länder für die Verteilung keinen abweichenden Schlüssel vereinbart haben, gilt der für die Verteilung von Asylbewerbern festgelegte Schlüssel. Auf die Quote eines Landes werden die Ausländer angerechnet, die sich dort bereits aufhalten und im Falle des Absatzes 10 auf die Kontingente anzurechnen wären.
(12) Die oberste Landesbehörde oder die von ihr bestimmte Stelle erläßt die Zuweisungsentscheidung. Die Landesregierung oder die von ihr bestimmte Stelle wird ermächtigt, durch Rechtsverordnung die Verteilung innerhalb des Landes zu regeln, soweit dies nicht durch Landesgesetz geregelt ist. Widerspruch und Klage gegen eine Zuweisungsentscheidung nach den Sätzen 1 und 2 haben keine aufschiebende Wirkung.

§ 33 Übernahme von Ausländern

(1) Das Bundesministerium des Innern oder die von ihm bestimmte Stelle kann einen Ausländer zum Zwecke der Aufenthaltsgewährung in das Bundesgebiet übernehmen, wenn völkerrechtliche oder humanitäre Gründe oder politische Interessen des Bundes es erfordern.
(2) Einem nach Absatz 1 übernommenen Ausländer wird eine Aufenthaltsbefugnis erteilt.

§ 34 Geltungsdauer der Aufenthaltsbefugnis

(1) Die Aufenthaltsbefugnis kann für jeweils längstens zwei Jahre erteilt und verlängert werden.
(2) Die Aufenthaltsbefugnis darf nicht verlängert werden, wenn das Abschiebungshindernis oder die sonstigen einer Aufenthaltsbeendigung entgegenstehenden Gründe entfallen sind.

§ 35 Daueraufenthalt aus humanitären Gründen

(1) Einem Ausländer, der seit acht Jahren eine Aufenthaltsbefugnis besitzt, kann eine unbefristete Aufenthaltserlaubnis erteilt werden, wenn die in § 24 Abs. 1 Nr. 2 bis 6 bezeichneten Voraussetzungen

vorliegen und sein Lebensunterhalt aus eigener Erwerbstätigkeit oder eigenem Vermögen gesichert ist. Die Aufenthaltszeit des der Erteilung der Aufenthaltsbefugnis vorangegangenen Asylverfahrens wird abweichend von § 55 Abs. 3 des Asylverfahrensgesetzes auf die acht Jahre angerechnet.

(2) Im Falle des Absatzes 1 Satz 1 wird dem Ehegatten und den minderjährigen ledigen Kindern des Ausländers eine Aufenthaltserlaubnis erteilt, wenn sie in diesem Zeitpunkt im Besitz einer Aufenthaltsbefugnis sind. Für die Erteilung der unbefristeten Aufenthaltserlaubnis wird die Dauer des Besitzes der Aufenthaltsbefugnis auf die erforderliche Dauer des Besitzes der Aufenthaltserlaubnis angerechnet.

Dritter Abschnitt
Aufenthalts- und paßrechtliche Vorschriften

§ 36 Verlassenspflicht bei räumlicher Beschränkung

Ein Ausländer hat den Teil des Bundesgebiets, in dem er sich ohne Erlaubnis der Ausländerbehörde einer räumlichen Beschränkung zuwider aufhält, unverzüglich zu verlassen.

§ 37 Verbot und Beschränkung der politischen Betätigung

(1) Ausländer dürfen sich im Rahmen der allgemeinen Rechtsvorschriften politisch betätigen. Die politische Betätigung eines Ausländers kann beschränkt oder untersagt werden, soweit sie
1. die politische Willensbildung in der Bundesrepublik Deutschland oder das friedliche Zusammenleben von Deutschen und Ausländern oder von verschiedenen Ausländergruppen im Bundesgebiet, die öffentliche Sicherheit und Ordnung oder sonstige erhebliche Interessen der Bundesrepublik Deutschland beeinträchtigt oder gefährdet,
2. den außenpolitischen Interessen oder den völkerrechtlichen Verpflichtungen der Bundesrepublik Deutschland zuwiderlaufen kann,
3. gegen die Rechtsordnung der Bundesrepublik Deutschland, insbesondere unter Anwendung von Gewalt, verstößt oder
4. bestimmt ist, Parteien, andere Vereinigungen, Einrichtungen oder Bestrebungen außerhalb des Bundesgebiets zu fördern, deren Ziele oder Mittel mit den Grundwerten einer die Würde des Menschen achtenden staatlichen Ordnung unvereinbar sind.

(2) Die politische Betätigung eines Ausländers wird untersagt, soweit sie

3. AuslG

1. die freiheitliche demokratische Grundordnung oder die Sicherheit der Bundesrepublik Deutschland gefährdet oder den kodifizierten Normen des Völkerrechts widerspricht,
2. Gewaltanwendung als Mittel zur Durchsetzung politischer, religiöser oder sonstiger Belange öffentlich unterstützt, befürwortet oder hervorzurufen bezweckt oder geeignet ist oder
3. Vereinigungen, politische Bewegungen oder Gruppen innerhalb oder außerhalb des Bundesgebiets unterstützt, die im Bundesgebiet Anschläge gegen Personen oder Sachen oder außerhalb des Bundesgebiets Anschläge gegen Deutsche oder deutsche Einrichtungen veranlaßt, befürwortet oder angedroht haben.

§ 38 Aufenthaltsanzeige

Das Bundesministerium des Innern kann zur Wahrung von Interessen der Bundesrepublik Deutschland durch Rechtsverordnung mit Zustimmung des Bundesrates bestimmen, daß Ausländer, die vom Erfordernis der Aufenthaltsgenehmigung befreit sind, und Ausländer, die mit einem Visum einreisen, bei oder nach der Einreise der Ausländerbehörde oder einer sonstigen Behörde den Aufenthalt anzuzeigen haben.

§ 39 Ausweisersatz

(1) Ein Ausländer, der einen Paß weder besitzt noch in zumutbarer Weise erlangen kann, genügt der Ausweispflicht im Bundesgebiet mit der Bescheinigung über die Aufenthaltsgenehmigung oder Duldung, wenn sie mit den Angaben zur Person und einem Lichtbild versehen ist (Ausweisersatz).
(2) Das Bundesministerium des Innern kann durch Rechtsverordnung mit Zustimmung des Bundesrates bestimmen, daß Ausländern, die einen Paß oder Paßersatz weder besitzen noch in zumutbarer Weise erlangen können, ein Reisedokument als Paßersatz ausgestellt, die Berechtigung zur Rückkehr in das Bundesgebiet bescheinigt und für den Grenzübertritt eine Ausnahme von der Paßpflicht erteilt werden kann,

§ 40 Ausweisrechtliche Pflichten

(1) Ein Ausländer ist verpflichtet, seinen Paß, seinen Paßersatz oder seinen Ausweisersatz und seine Aufenthaltsgenehmigung oder Duldung auf Verlangen den mit der Ausführung dieses Gesetzes betrauten Behörden vorzulegen, auszuhändigen und vorübergehend zu überlassen, soweit dies zur Durchführung oder Sicherung von Maßnahmen nach diesem Gesetz erforderlich ist.

(2) Das Bundesministerium des Innern regelt durch Rechtsverordnung mit Zustimmung des Bundesrates die ausweisrechtlichen Pflichten von Ausländern, die sich im Bundesgebiet aufhalten, hinsichtlich der Ausstellung und Verlängerung, des Verlustes und des Wiederauffindens sowie der Vorlage und der Abgabe eines Passes, Paßersatzes und Ausweisersatzes.

§ 41 Identitätsfeststellung

(1) Bestehen Zweifel über die Person oder die Staatsangehörigkeit des Ausländers, sind die zur Feststellung seiner Identität oder Staatsangehörigkeit erforderlichen Maßnahmen zu treffen, wenn
1. dem Ausländer die Einreise erlaubt oder eine Aufenthaltsgenehmigung oder Duldung erteilt werden soll oder
2. es zur Durchführung anderer Maßnahmen nach diesem Gesetz erforderlich ist.

(2) Zur Feststellung der Identität können die in § 81 b der Strafprozeßordnung bezeichneten erkennungsdienstlichen Maßnahmen durchgeführt werden, wenn die Identität in anderer Weise, insbesondere durch Anfragen bei anderen Behörden nicht oder nicht rechtzeitig oder nur unter erheblichen Schwierigkeiten festgestellt werden kann.

(3) Auch wenn die Voraussetzungen der Absätze 1 und 2 nicht vorliegen, können erkennungsdienstliche Maßnahmen durchgeführt werden, wenn der Ausländer mit einem gefälschten oder verfälschten Paß oder Paßersatz einreisen will oder eingereist ist oder wenn sonstige Anhaltspunkte den Verdacht begründen, daß der Ausländer nach einer Zurückweisung oder Beendigung des Aufenthalts erneut unerlaubt ins Bundesgebiet einreisen will. Das gleiche gilt, wenn der Ausländer in einen in § 26 a Abs. 2 des Asylverfahrensgesetzes genannten Drittstaat zurückgewiesen oder zurückgeschoben wird.

(4) Der Ausländer hat die erkennungsdienstlichen Maßnahmen zu dulden.

Vierter Abschnitt
Beendigung des Aufenthalts

1. Begründung der Ausreisepflicht

§ 42 Ausreisepflicht

(1) Ein Ausländer ist zur Ausreise verpflichtet, wenn er eine erforderliche Aufenthaltsgenehmigung nicht oder nicht mehr besitzt.

3. AuslG

(2) Die Ausreisepflicht ist vollziehbar, wenn der Ausländer
1. unerlaubt eingereist ist,
2. nach Ablauf der Geltungsdauer seiner Aufenthaltsgenehmigung noch nicht die Verlängerung oder die Erteilung einer anderen Aufenthaltsgenehmigung beantragt hat oder
3. noch nicht die erstmalige Erteilung der erforderlichen Aufenthaltsgenehmigung beantragt hat und die gesetzliche Antragsfrist abgelaufen ist.

Im übrigen ist die Ausreisepflicht erst vollziehbar, wenn die Versagung der Aufenthaltsgenehmigung oder der sonstige Verwaltungsakt, durch den der Ausländer nach Absatz 1 ausreisepflichtig wird, vollziehbar ist.

(3) Ist die Ausreisepflicht vollziehbar, hat der Ausländer das Bundesgebiet unverzüglich oder, wenn ihm eine Ausreisefrist gesetzt ist, bis zum Ablauf der Frist zu verlassen. Die Ausreisefrist endet spätestens sechs Monate nach dem Eintritt der Unanfechtbarkeit der Ausreisepflicht. Sie kann in besonderen Härtefällen befristet verlängert werden.

(4) Durch die Einreise in einen anderen Mitgliedstaat der Europäischen Gemeinschaften genügt der Ausländer seiner Ausreisepflicht nur, wenn ihm Einreise und Aufenthalt dort erlaubt sind.

(5) Ein ausreisepflichtiger Ausländer, der seine Wohnung wechseln oder den Bezirk der Ausländerbehörde für mehr als drei Tage verlassen will, hat dies der Ausländerbehörde vorher anzuzeigen.

(6) Der Paß oder Paßersatz eines ausreisepflichtigen Ausländers soll bis zu dessen Ausreise in Verwahrung genommen werden.

§ 43 Widerruf der Aufenthaltsgenehmigung

(1) Die Aufenthaltsgenehmigung kann nur widerrufen werden, wenn der Ausländer
1. keinen gültigen Paß oder Paßersatz mehr besitzt,
2. seine Staatsangehörigkeit wechselt oder verliert,
3. noch nicht eingereist ist
oder wenn
4. seine Anerkennung als Asylberechtigter, seine Rechtsstellung als ausländischer Flüchtling oder die Feststellung, daß die Voraussetzungen des § 51 Abs. 1 vorliegen, erlischt oder unwirksam wird.

(2) In den Fällen des Absatzes 1 Nr. 4 kann auch die Aufenthaltsgenehmigung der mit dem Ausländer in häuslicher Gemeinschaft lebenden Familienangehörigen widerrufen werden, wenn diesen kein Anspruch auf die Aufenthaltsgenehmigung zusteht.

§ 44 Beendigung der Rechtmäßigkeit des Aufenthalts; Fortgeltung von Beschränkungen

(1) Die Aufenthaltsgenehmigung erlischt außer in den Fällen des Ablaufs ihrer Geltungsdauer, des Widerrufs und des Eintritts einer auflösenden Bedingung, wenn der Ausländer
1. ausgewiesen wird,
2. aus einem seiner Natur nach nicht vorübergehenden Grunde ausreist,
3. ausgereist und nicht innerhalb von sechs Monaten oder einer von der Ausländerbehörde bestimmten längeren Frist wieder eingereist ist;

ein für mehrere Einreisen oder mit einer Geltungsdauer von mehr als drei Monaten erteiltes Visum erlischt nicht nach den Nummern 2 und 3.
(2) Die Aufenthaltsgenehmigung erlischt nicht nach Absatz 1 Nr. 3, wenn die Frist lediglich wegen Erfüllung der gesetzlichen Wehrpflicht im Heimatstaat überschritten wird und der Ausländer innerhalb von drei Monaten nach der Entlassung aus dem Wehrdienst wieder einreist.
(3) Nach Absatz 1 Nr. 3 wird in der Regel eine längere Frist bestimmt, wenn der Ausländer aus einem seiner Natur nach vorübergehenden Grunde ausreisen will und eine unbefristete Aufenthaltserlaubnis oder eine Aufenthaltsberechtigung besitzt oder wenn der Aufenthalt außerhalb des Bundesgebiets Interessen der Bundesrepublik Deutschland dient.
(4) Einem Ausländer wird die Zeit eines Aufenthalts außerhalb des Bundesgebiets mit insgesamt sechs Monaten auf die für die unbefristete Verlängerung der Aufenthaltserlaubnis und die Erteilung der Aufenthaltsberechtigung erforderlichen Zeiten des Besitzes einer Aufenthaltserlaubnis angerechnet, wenn er sich länger als sechs Monate außerhalb des Bundesgebiets aufgehalten hat, ohne daß seine Aufenthaltsgenehmigung erloschen ist.
(5) Die Befreiung vom Erfordernis der Aufenthaltsgenehmigung entfällt, wenn der Ausländer ausgewiesen oder abgeschoben wird; § 8 Abs. 2 findet entsprechende Anwendung. Im Falle der zeitlichen Beschränkung des Aufenthalts nach § 3 Abs. 5 entfällt die Befreiung mit Ablauf der Frist.
(6) Räumliche und sonstige Beschränkungen und Auflagen nach diesem und nach anderen Gesetzen bleiben auch nach Wegfall der Aufenthaltsgenehmigung oder Duldung in Kraft, bis sie aufgehoben werden oder der Ausländer seiner Ausreisepflicht nach § 42 Abs. 1 bis 4 nachgekommen ist.

3. AuslG

§ 45 Ausweisung

(1) Ein Ausländer kann ausgewiesen werden, wenn sein Aufenthalt die öffentliche Sicherheit und Ordnung oder sonstige erhebliche Interessen der Bundesrepublik Deutschland beeinträchtigt.
(2) Bei der Entscheidung über die Ausweisung sind zu berücksichtigen
1. die Dauer des rechtmäßigen Aufenthalts und die schutzwürdigen persönlichen, wirtschaftlichen und sonstigen Bindungen des Ausländers im Bundesgebiet,
2. die Folgen der Ausweisung für die Familienangehörigen des Ausländers, die sich rechtmäßig im Bundesgebiet aufhalten und mit ihm in familiärer Lebensgemeinschaft leben, und
3. die in § 55 Abs. 2 genannten Duldungsgründe.
(3) Eine Verwaltungsvorschrift eines Landes, Ausländer oder bestimmte Gruppen von Ausländern bei Vorliegen der in Absatz 1 und in § 46 bezeichneten Gründe oder einzelner dieser Gründe nicht oder in der Regel nicht auszuweisen, bedarf des Einvernehmens mit dem Bundesministerium des Innern.

§ 46 Einzelne Ausweisungsgründe

Nach § 45 Abs. 1 kann insbesondere ausgewiesen werden, wer
1. die freiheitliche demokratische Grundordnung oder die Sicherheit der Bundesrepublik Deutschland gefährdet oder sich bei der Verfolgung politischer Ziele an Gewalttätigkeiten beteiligt oder öffentlich zur Gewaltanwendung aufruft oder mit Gewaltanwendung droht,
2. einen nicht nur vereinzelten oder geringfügigen Verstoß gegen Rechtsvorschriften oder gerichtliche oder behördliche Entscheidungen oder Verfügungen begangen oder außerhalb des Bundesgebiets eine Straftat begangen hat, die im Bundesgebiet als vorsätzliche Straftat anzusehen ist,
3. gegen eine für die Ausübung der Gewerbsunzucht geltende Rechtsvorschrift oder behördliche Verfügung verstößt,
4. Heroin, Cocain oder ein vergleichbar gefährliches Betäubungsmittel verbraucht und nicht zu einer erforderlichen seiner Rehabilitation dienenden Behandlung bereit ist oder sich ihr entzieht,
5. durch sein Verhalten die öffentliche Gesundheit gefährdet oder längerfristig obdachlos ist,
6. für sich, seine Familienangehörigen, die sich im Bundesgebiet aufhalten und denen er allgemein zum Unterhalt verpflichtet ist, oder für Personen in seinem Haushalt, für die er Unterhalt getragen

oder auf Grund einer Zusage zu tragen hat, Sozialhilfe in Anspruch nimmt oder in Anspruch nehmen muß oder
7. Hilfe zur Erziehung außerhalb der eigenen Familie oder Hilfe für junge Volljährige nach dem Achten Buch Sozialgesetzbuch erhält; das gilt nicht für einen Minderjährigen, dessen Eltern oder dessen allein personensorgeberechtigter Elternteil sich rechtmäßig im Bundesgebiet aufhalten.

§ 47 Ausweisung wegen besonderer Gefährlichkeit

(1) Ein Ausländer wird ausgewiesen, wenn er
1. wegen einer oder mehrerer vorsätzlicher Straftaten rechtskräftig zu einer Freiheitsstrafe von mindestens fünf Jahren verurteilt worden ist oder
2. mehrfach wegen vorsätzlicher Straftaten zu Freiheitsstrafen von zusammen mindestens acht Jahren rechtskräftig verurteilt oder bei der letzten rechtskräftigen Verurteilung Sicherungsverwahrung angeordnet worden ist.

(2) Ein Ausländer wird in der Regel ausgewiesen, wenn er
1. wegen einer oder mehrerer vorsätzlicher Straftaten rechtskräftig zu einer Freiheitsstrafe verurteilt und die Vollstreckung der Freiheitsstrafe nicht zur Bewährung ausgesetzt worden ist,
2. den Vorschriften des Betäubungsmittelgesetzes zuwider ohne Erlaubnis Betäubungsmittel anbaut, herstellt, einführt, durchführt oder ausführt, veräußert, an einen anderen abgibt oder in sonstiger Weise in Verkehr bringt oder mit ihnen handelt oder wenn er zu einer solchen Handlung anstiftet oder Beihilfe leistet.

(3) Ein Ausländer, der nach § 48 Abs. 1 erhöhten Ausweisungsschutz genießt, wird in den Fällen des Absatzes 1 in der Regel ausgewiesen. In den Fällen des Absatzes 2 wird über seine Ausweisung nach Ermessen entschieden.

§ 48 Besonderer Ausweisungsschutz

(1) Ein Ausländer, der
1. eine Aufenthaltsberechtigung besitzt,
2. eine unbefristete Aufenthaltserlaubnis besitzt und im Bundesgebiet geboren oder als Minderjähriger in das Bundesgebiet eingereist ist,
3. eine unbefristete Aufenthaltserlaubnis besitzt und mit einem der in Nummern 1 und 2 bezeichneten Ausländer in ehelicher Lebensgemeinschaft lebt,
4. mit einem deutschen Familienangehörigen in familiärer Lebensgemeinschaft lebt,

3. AuslG

5. als Asylberechtigter anerkannt ist, im Bundesgebiet die Rechtsstellung eines ausländischen Flüchtlings genießt oder einen von einer Behörde der Bundesrepublik Deutschland ausgestellten Reiseausweis nach dem Abkommen über die Rechtsstellung für Flüchtlinge vom 28. Juli 1951 (BGBl. 1953 II S. 559) besitzt,
6. eine nach § 32 a erteilte Aufenthaltsbefugnis besitzt,

kann nur aus schwerwiegenden Gründen der öffentlichen Sicherheit und Ordnung ausgewiesen werden.

(2) Ein minderjähriger Ausländer, dessen Eltern oder dessen allein personensorgeberechtigter Elternteil sich rechtmäßig im Bundesgebiet aufhalten, wird nicht ausgewiesen, es sei denn, er ist wegen serienmäßiger Begehung nicht unerheblicher vorsätzlicher Straftaten, wegen schwerer Straftaten oder einer besonders schweren Straftat rechtskräftig verurteilt worden. Das gleiche gilt für einen Heranwachsenden, der im Bundesgebiet geboren oder aufgewachsen ist und mit seinen Eltern in häuslicher Gemeinschaft lebt.

(3) Ein Ausländer, der einen Asylantrag gestellt hat, kann nur unter der Bedingung ausgewiesen werden, daß das Asylverfahren unanfechtbar ohne Anerkennung als Asylberechtigter abgeschlossen wird. Von der Bedingung wird abgesehen, wenn
1. ein Sachverhalt vorliegt, der nach Absatz 1 eine Ausweisung rechtfertigt, oder
2. eine nach den Vorschriften des Asylverfahrensgesetzes erlassene Abschiebungsandrohung vollziehbar geworden ist.

2. Durchsetzung der Ausreisepflicht

§ 49 Abschiebung

(1) Ein ausreisepflichtiger Ausländer ist abzuschieben, wenn die Ausreisepflicht vollziehbar ist und wenn ihre freiwillige Erfüllung nach § 42 Abs. 3 und 4 nicht gesichert oder aus Gründen der öffentlichen Sicherheit und Ordnung eine Überwachung der Ausreise erforderlich erscheint.

(2) Befindet sich der Ausländer auf richterliche Anordnung in Haft oder in sonstigem öffentlichem Gewahrsam, bedarf seine Ausreise einer Überwachung. Das gleiche gilt, wenn der Ausländer
1. innerhalb der ihm gesetzten Ausreisefrist nicht ausgereist ist,
2. nach § 47 ausgewiesen worden ist,
3. mittellos ist,
4. keinen Paß besitzt,
5. gegenüber der Ausländerbehörde zum Zwecke der Täuschung unrichtige Angaben gemacht oder die Angaben verweigert hat oder

6. zu erkennen gegeben hat, daß er seiner Ausreisepflicht nicht nachkommen wird.

§ 50 Androhung der Abschiebung

(1) Die Abschiebung soll schriftlich unter Bestimmung einer Ausreisefrist angedroht werden. Die Androhung soll mit dem Verwaltungsakt verbunden werden, durch den der Ausländer nach § 42 Abs. 1 ausreisepflichtig wird.
(2) In der Androhung soll der Staat bezeichnet werden, in den der Ausländer abgeschoben werden soll, und der Ausländer darauf hingewiesen werden, daß er auch in einen anderen Staat abgeschoben werden kann, in den er einreisen darf oder der zu seiner Rückübernahme verpflichtet ist.
(3) Das Vorliegen von Abschiebungshindernissen und Duldungsgründen nach den §§ 51 und 53 bis 55 steht dem Erlaß der Androhung nicht entgegen. In der Androhung ist der Staat zu bezeichnen, in den der Ausländer nach den §§ 51 und 53 Abs. 1 bis 4 nicht abgeschoben werden darf. Stellt das Verwaltungsgericht das Vorliegen eines Abschiebungshindernisses fest, bleibt die Rechtmäßigkeit der Androhung im übrigen unberührt.
(4) Die Ausreisefrist wird unterbrochen, wenn die Vollziehbarkeit der Ausreisepflicht oder der Androhung entfällt. Nach Wiedereintritt der Vollziehbarkeit bedarf es keiner erneuten Fristsetzung, auch wenn die Vollziehbarkeit erst nach dem Ablauf der Ausreisefrist entfallen ist.
(5) In den Fällen des § 49 Abs. 2 Satz 1 bedarf es keiner Fristsetzung; der Ausländer wird aus der Haft oder dem öffentlichen Gewahrsam abgeschoben. Die Abschiebung soll mindestens eine Woche vorher angekündigt werden.

§ 51 Verbot der Abschiebung politisch Verfolgter

(1) Ein Ausländer darf nicht in einen Staat abgeschoben werden, in dem sein Leben oder seine Freiheit wegen seiner Rasse, Religion, Staatsangehörigkeit, seiner Zugehörigkeit zu einer bestimmten sozialen Gruppe oder wegen seiner politischen Überzeugung bedroht ist.
(2) Die Voraussetzungen des Absatzes 1 liegen vor bei
1. Asylberechtigten und
2. sonstigen Ausländern, die im Bundesgebiet die Rechtsstellung ausländischer Flüchtlinge genießen oder die außerhalb des Bundesgebiets als ausländische Flüchtlinge im Sinne des Abkommens über die Rechtsstellung der Flüchtlinge anerkannt sind.

In den sonstigen Fällen, in denen sich der Ausländer auf politische Verfolgung beruft, stellt das Bundesamt für die Anerkennung aus-

ländischer Flüchtlinge in einem Asylverfahren nach den Vorschriften des Asylverfahrensgesetzes fest, ob die Voraussetzungen des Absatzes 1 vorliegen. Die Entscheidung des Bundesamtes kann nur nach den Vorschriften des Asylverfahrensgesetzes angefochten werden.
(3) Absatz 1 findet keine Anwendung, wenn der Ausländer aus schwerwiegenden Gründen als eine Gefahr für die Sicherheit der Bundesrepublik Deutschland anzusehen ist oder eine Gefahr für die Allgemeinheit bedeutet, weil er wegen einer besonders schweren Straftat rechtskräftig verurteilt worden ist.
(4) Soll ein Ausländer abgeschoben werden, bei dem die Voraussetzungen des Absatzes 1 vorliegen, kann nicht davon abgesehen werden, die Abschiebung anzudrohen und eine angemessene Ausreisefrist zu setzen. In der Androhung sind die Staaten zu bezeichnen, in die der Ausländer abgeschoben werden darf.

§ 52 Abschiebung bei möglicher politischer Verfolgung

In den Fällen des § 51 Abs. 3 kann einem Ausländer, der einen Asylantrag gestellt hat, abweichend von den Vorschriften des Asylverfahrensgesetzes die Abschiebung angedroht und diese durchgeführt werden.

§ 53 Abschiebungshindernisse

(1) Ein Ausländer darf nicht in einen Staat abgeschoben werden, in dem für diesen Ausländer die konkrete Gefahr besteht, der Folter unterworfen zu werden.
(2) Ein Ausländer darf nicht in einen Staat abgeschoben werden, wenn dieser Staat den Ausländer wegen einer Straftat sucht und die Gefahr der Todesstrafe besteht. In diesen Fällen finden die Vorschriften über die Auslieferung entsprechende Anwendung.
(3) Liegt ein förmliches Auslieferungsersuchen oder ein mit der Ankündigung eines Auslieferungsersuchens verbundenes Festnahmeersuchen eines anderen Staates vor, kann der Ausländer bis zur Entscheidung über die Auslieferung nicht in diesen Staat abgeschoben werden.
(4) Ein Ausländer darf nicht abgeschoben werden, soweit sich aus der Anwendung der Konvention zum Schutze der Menschenrechte und Grundfreiheiten vom 4. November 1950 (BGBl. 1952 II S. 686) ergibt, daß die Abschiebung unzulässig ist.
(5) Die allgemeine Gefahr, daß einem Ausländer in einem anderen Staat Strafverfolgung und Bestrafung drohen können, und, soweit sich aus den Absätzen 1 bis 4 nicht etwas anderes ergibt, die konkrete

Gefahr einer nach der Rechtsordnung eines anderen Staates gesetzmäßigen Bestrafung stehen der Abschiebung nicht entgegen.
(6) Von der Abschiebung eines Ausländers in einen anderen Staat kann abgesehen werden, wenn dort für diesen Ausländer eine erhebliche konkrete Gefahr für Leib, Leben oder Freiheit besteht. Gefahren in diesem Staat, denen die Bevölkerung oder die Bevölkerungsgruppe, der der Ausländer angehört, allgemein ausgesetzt ist, werden bei Entscheidungen nach § 54 berücksichtigt.

§ 54 Aussetzung von Abschiebungen

Die oberste Landesbehörde kann aus völkerrechtlichen oder humanitären Gründen oder zur Wahrung politischer Interessen der Bundesrepublik Deutschland anordnen, daß die Abschiebung von Ausländern aus bestimmten Staaten oder von in sonstiger Weise bestimmten Ausländergruppen allgemein oder in bestimmte Staaten für die Dauer von längstens sechs Monaten ausgesetzt wird. Zur Wahrung der Bundeseinheitlichkeit bedarf die Anordnung des Einvernehmens mit dem Bundesministerium des Innern, wenn die Abschiebung länger als sechs Monate ausgesetzt werden soll.

§ 55 Duldungsgründe

(1) Die Abschiebung eines Ausländers kann nur nach Maßgabe der Absätze 2 bis 4 zeitweise ausgesetzt werden (Duldung).
(2) Einem Ausländer wird eine Duldung erteilt, solange seine Abschiebung aus rechtlichen oder tatsächlichen Gründen unmöglich ist oder nach § 53 Abs. 6 oder § 54 ausgesetzt werden soll.
(3) Einem Ausländer kann eine Duldung erteilt werden, solange er nicht unanfechtbar ausreisepflichtig ist oder wenn dringende humanitäre oder persönliche Gründe oder erhebliche öffentliche Interessen seine vorübergehende weitere Anwesenheit im Bundesgebiet erfordern.
(4) Ist rechtskräftig entschieden, daß die Abschiebung eines Ausländers zulässig ist, kann eine Duldung nur erteilt werden, wenn die Abschiebung aus rechtlichen oder tatsächlichen Gründen unmöglich ist oder nach § 54 ausgesetzt werden soll. Die Erteilung einer Duldung aus den in § 53 Abs. 6 Satz 1 genannten Gründen ist zulässig, soweit sie in der Abschiebungsandrohung vorbehalten worden ist.

§ 56 Duldung

(1) Die Ausreisepflicht eines geduldeten Ausländers bleibt unberührt.
(2) Die Duldung ist befristet; die Frist soll ein Jahr nicht übersteigen.

3. AuslG

Nach Ablauf der Frist kann die Duldung nach Maßgabe des § 55 erneuert werden.
(3) Die Duldung ist räumlich auf das Gebiet des Landes beschränkt. Weitere Bedingungen und Auflagen können angeordnet werden. Insbesondere können das Verbot oder Beschränkungen der Aufnahme einer Erwerbstätigkeit angeordnet werden.
(4) Die Duldung erlischt mit der Ausreise des Ausländers.
(5) Die Duldung wird widerrufen, wenn die der Abschiebung entgegenstehenden Gründe entfallen.
(6) Der Ausländer wird unverzüglich nach Erlöschen der Duldung ohne erneute Androhung und Fristsetzung abgeschoben, es sei denn, die Duldung wird erneuert. Ist der Ausländer länger als ein Jahr geduldet, ist die Abschiebung drei Monate vorher anzukündigen, es sei denn, daß die Aufnahmebereitschaft des anderen Staates vorher endet.

§ 57 Abschiebungshaft

(1) Ein Ausländer ist zur Vorbereitung der Ausweisung auf richterliche Anordnung in Haft zu nehmen, wenn über die Ausweisung nicht sofort entschieden werden kann und die Abschiebung ohne die Inhaftnahme wesentlich erschwert oder vereitelt würde (Vorbereitungshaft). Die Dauer der Vorbereitungshaft soll sechs Wochen nicht überschreiten. Im Falle der Ausweisung bedarf es für die Fortdauer der Haft bis zum Ablauf der angeordneten Haftdauer keiner erneuten richterlichen Anordnung.
(2) Ein Ausländer ist zur Sicherung der Abschiebung auf richterliche Anordnung in Haft zu nehmen (Sicherungshaft), wenn
1. der Ausländer auf Grund einer unerlaubten Einreise vollziehbar ausreisepflichtig ist,
2. die Ausreisepflicht abgelaufen ist und der Ausländer seinen Aufenthaltsort gewechselt hat, ohne der Ausländerbehörde eine Anschrift anzugeben, unter der er erreichbar ist,
3. er aus von ihm zu vertretenden Gründen zu einem für die Abschiebung angekündigten Termin nicht an dem von der Ausländerbehörde angegebenen Ort angetroffen wurde,
4. er sich in sonstiger Weise der Abschiebung entzogen hat oder
5. der begründete Verdacht besteht, daß er sich der Abschiebung entziehen will.

Der Ausländer kann für die Dauer von längstens einer Woche in Sicherungshaft genommen werden, wenn die Ausreisefrist abgelaufen ist und feststeht, daß die Abschiebung durchgeführt werden kann. Von der Anordnung der Sicherungshaft nach Satz 1 Nr. 1 kann ausnahmsweise abgesehen werden, wenn der Ausländer glaubhaft macht,

daß er sich der Abschiebung nicht entziehen will. Die Sicherungshaft ist unzulässig, wenn feststeht, daß aus Gründen, die der Ausländer nicht zu vertreten hat, die Abschiebung nicht innerhalb der nächsten drei Monate durchgeführt werden kann.
(3) Die Sicherungshaft kann bis zu sechs Monaten angeordnet werden. Sie kann in Fällen, in denen der Ausländer seine Abschiebung verhindert, um höchstens zwölf Monate verlängert werden. Eine Vorbereitungshaft ist auf die Gesamtdauer der Sicherungshaft anzurechnen.

Fünfter Abschnitt
Grenzübertritt

§ 58 Unerlaubte Einreise; Ausnahme-Visum

(1) Die Einreise eines Ausländers in das Bundesgebiet ist unerlaubt, wenn er
1. eine erforderliche Aufenthaltsgenehmigung nicht besitzt,
2. einen erforderlichen Paß nicht besitzt oder
3. nach § 8 Abs. 2 nicht einreisen darf, es sei denn, er besitzt eine Betretenserlaubnis (§ 9 Abs. 3) oder ihm ist nach Maßgabe der Rechtsverordnung nach § 9 Abs. 4 die Einreise erlaubt worden.
(2) Die mit der polizeilichen Kontrolle des grenzüberschreitenden Verkehrs beauftragten Behörden können Ausnahme-Visa und Paßersatzpapiere ausstellen, soweit sie hierzu vom Bundesministerium des Innern ermächtigt sind.

§ 59 Grenzübertritt

(1) Soweit nicht auf Grund anderer Rechtsvorschriften oder zwischenstaatlicher Vereinbarungen Ausnahmen zugelassen sind, sind die Einreise in das Bundesgebiet und die Ausreise aus dem Bundesgebiet nur an den zugelassenen Grenzübergangsstellen und innerhalb der festgesetzten Verkehrsstunden zulässig und Ausländer verpflichtet, bei der Einreise und der Ausreise einen gültigen Paß oder Paßersatz mitzuführen, sich damit über ihre Person auszuweisen und sich der polizeilichen Kontrolle des grenzüberschreitenden Verkehrs zu unterziehen.
(2) An einer zugelassenen Grenzübergangsstelle ist ein Ausländer erst eingereist, wenn er die Grenze überschritten und die Grenzübergangsstelle passiert hat. Im übrigen ist ein Ausländer eingereist, wenn er die Grenze überschritten hat.

3. AuslG

§ 60 Zurückweisung

(1) Ein Ausländer, der unerlaubt einreisen will, wird an der Grenze zurückgewiesen.
(2) Ein Ausländer kann an der Grenze zurückgewiesen werden, wenn
1. ein Ausweisungsgrund vorliegt,
2. der begründete Verdacht besteht, daß der Aufenthalt nicht dem angegebenen Zweck dient.

(3) Ein Ausländer, der für einen vorübergehenden Aufenthalt im Bundesgebiet vom Erfordernis der Aufenthaltsgenehmigung befreit ist, kann unter denselben Voraussetzungen zurückgewiesen werden, unter denen eine Aufenthaltsgenehmigung versagt werden darf.
(4) Die Zurückweisung erfolgt in den Staat, aus dem der Ausländer einzureisen versucht. Sie kann auch in den Staat erfolgen, in dem der Ausländer die Reise angetreten hat, in dem er seinen gewöhnlichen Aufenthalt hat, dessen Staatsangehörigkeit er besitzt oder der den Paß ausgestellt hat, oder in einen sonstigen Staat, in den der Ausländer einreisen darf.
(5) § 51 Abs. 1 bis 3, § 53 Abs. 1, 2 und 4 und § 57 finden entsprechende Anwendung. Ein Ausländer, der einen Asylantrag gestellt hat, darf nicht zurückgewiesen werden, solange ihm der Aufenthalt im Bundesgebiet nach den Vorschriften des Asylverfahrensgesetzes gestattet ist.

§ 61 Zurückschiebung

(1) Ein Ausländer, der unerlaubt eingereist ist, soll innerhalb von sechs Monaten nach dem Grenzübertritt zurückgeschoben werden. Ist ein anderer Staat auf Grund einer zwischenstaatlichen Übernahmevereinbarung zur Rückübernahme des Ausländers verpflichtet, so ist die Zurückschiebung zulässig, solange die Rückübernahmeverpflichtung besteht.
(2) Ein ausreisepflichtiger Ausländer, der von einem anderen Staat rückgeführt oder zurückgewiesen wird, soll unverzüglich in einen Staat zurückgeschoben werden, in den er einreisen darf, es sei denn, die Ausreisepflicht ist noch nicht vollziehbar.
(3) § 51 Abs. 1 bis 3, § 53 Abs. 1 bis 4 und §§ 57 und 60 Abs. 4 finden entsprechende Anwendung.

§ 62 Ausreise

(1) Ausländer können aus dem Bundesgebiet frei ausreisen.
(2) Einem Ausländer kann die Ausreise in entsprechender Anwendung des § 10 Abs. 1 und 2 des Paßgesetzes vom 19. April 1986

(BGBl. I S. 537) untersagt werden. Im übrigen kann einem Ausländer die Ausreise aus dem Bundesgebiet nur untersagt werden, wenn er in einen anderen Staat einreisen will, ohne im Besitz der dafür erforderlichen Dokumente und Erlaubnisse zu sein.
(3) Das Ausreiseverbot ist aufzuheben, sobald der Grund seines Erlasses entfällt.

Sechster Abschnitt
Verfahrensvorschriften

§ 63 Zuständigkeit

(1) Für aufenthalts- und paßrechtliche Maßnahmen und Entscheidungen nach diesem Gesetz und nach ausländerrechtlichen Bestimmungen in anderen Gesetzen sind die Ausländerbehörden zuständig. Die Landesregierung oder die von ihr bestimmte Stelle kann bestimmen, daß für einzelne Aufgaben nur eine oder mehrere bestimmte Ausländerbehörden zuständig sind. Für die Einbürgerung sind die Einbürgerungsbehörden zuständig.
(2) Das Bundesministerium des Innern kann durch allgemeine Verwaltungsvorschrift mit Zustimmung des Bundesrates die zuständige Ausländerbehörde für die Fälle bestimmen, in denen
1. der Ausländer sich nicht im Bundesgebiet aufhält,
2. nach landesrechtlichen Vorschriften Ausländerbehörden mehrerer Länder zuständig sind oder jede Ausländerbehörde ihre Zuständigkeit im Hinblick auf die Zuständigkeit der Ausländerbehörde eines anderen Landes verneinen kann.

(3) Im Ausland sind für Paß- und Visaangelegenheiten die vom Auswärtigen Amt ermächtigten Auslandsvertretungen zuständig.
(4) Die mit der polizeilichen Kontrolle des grenzüberschreitenden Verkehrs beauftragten Behörden sind zuständig für
1. die Zurückweisung, die Zurückschiebung an der Grenze, die Rückführung von Ausländern aus und in andere Staaten und, soweit es zur Vorbereitung und Sicherung dieser Maßnahmen erforderlich ist, die Festnahme und die Beantragung von Haft,
2. die Erteilung eines Visums und die Ausstellung eines Paßersatzes nach § 58 Abs. 2 sowie die Durchführung des § 74 Abs. 2 Satz 2,
3. den Widerruf eines Visums im Falle der Zurückweisung oder Zurückschiebung, auf Ersuchen der Auslandsvertretung, die das Visum erteilt hat, oder auf Ersuchen der Ausländerbehörde, die der Erteilung des Visums zugestimmt hat, sofern diese ihrer Zustimmung bedurfte,

3. AuslG

4. das Ausreiseverbot und die Maßnahmen nach § 82 Abs. 5 an der Grenze,
5. die Prüfung an der Grenze, ob Beförderungsunternehmer und sonstige Dritte die Vorschriften dieses Gesetzes und die auf Grund dieses Gesetzes erlassenen Verordnungen und Anordnungen beachtet haben, sowie
6. sonstige ausländerrechtliche Maßnahmen und Entscheidungen, soweit sich deren Notwendigkeit an der Grenze ergibt und sie vom Bundesministerium des Innern hierzu allgemein oder im Einzelfall ermächtigt sind.

(5) Für die erkennungsdienstlichen Maßnahmen nach § 41 Abs. 2 und 3 sind die Ausländerbehörden, die mit der polizeilichen Kontrolle des grenzüberschreitenden Verkehrs beauftragten Behörden und, soweit es für die Erfüllung ihrer Aufgaben nach Absatz 6 erforderlich ist, die Polizeien der Länder zuständig.

(6) Für die Zurückschiebung, die Festnahme sowie die Durchsetzung der Verlassenspflicht des § 36 und die Durchführung der Abschiebung sind auch die Polizeien der Länder zuständig.

§ 64 Beteiligungserfordernisse

(1) Eine Betretenserlaubnis (§ 9 Abs. 3) darf nur mit Zustimmung der für den vorgesehenen Aufenthaltsort zuständigen Ausländerbehörde erteilt werden. Die Ausländerbehörde, die den Ausländer ausgewiesen oder abgeschoben hat, ist in der Regel zu beteiligen.

(2) Räumliche Beschränkungen, Auflagen und Bedingungen, Befristungen nach § 8 Abs. 2 Satz 2, Anordnungen nach § 37 und sonstige Maßnahmen gegen einen Ausländer, der nicht im Besitz einer erforderlichen Aufenthaltsgenehmigung ist, dürfen von einer anderen Ausländerbehörde nur im Einvernehmen mit der Ausländerbehörde geändert oder aufgehoben werden, die die Maßnahme angeordnet hat. Satz 1 findet keine Anwendung, wenn der Aufenthalt des Ausländers nach den Vorschriften des Asylverfahrensgesetzes auf den Bezirk der anderen Ausländerbehörde beschränkt ist.

(3) Ein Ausländer, gegen den öffentliche Klage erhoben oder ein strafrechtliches Ermittlungsverfahren eingeleitet ist, darf nur im Einvernehmen mit der zuständigen Staatsanwaltschaft ausgewiesen und abgeschoben werden.

(4) Das Bundesministerium des Innern kann, um die Mitwirkung anderer beteiligter Behörden zu sichern, durch Rechtsverordnung mit Zustimmung des Bundesrates bestimmen, in welchen Fällen die Erteilung eines Visums der Zustimmung der Ausländerbehörde bedarf.

(5) § 45 des Achten Buches Sozialgesetzbuch gilt nicht für Einrichtungen, die der vorübergehenden Unterbringung von Ausländern

dienen, denen aus humanitären Gründen eine Aufenthaltsbefugnis oder eine Duldung erteilt wird.

§ 65 Beteiligung des Bundes, Weisungsbefugnis

(1) Ein Visum kann zur Wahrung politischer Interessen des Bundes mit der Maßgabe erteilt werden, daß die Verlängerung des Visums und die Erteilung einer Aufenthaltsgenehmigung oder Duldung nach Ablauf der Geltungsdauer des Visums sowie die Aufhebung und Änderung von Auflagen, Bedingungen und sonstigen Beschränkungen, die mit dem Visum verbunden sind, nur im Benehmen oder Einvernehmen mit dem Bundesministerium des Innern oder der von ihm bestimmten Stelle vorgenommen werden dürfen; die Erteilung einer Duldung bedarf keiner Beteiligung, wenn die Abschiebung aus rechtlichen oder tatsächlichen Gründen unmöglich ist.
(2) Das Bundesministerium des Innern kann Einzelweisungen zur Ausführung dieses Gesetzes und der auf Grund dieses Gesetzes erlassenen Rechtsverordnungen erteilen, wenn
1. die Sicherheit der Bundesrepublik Deutschland oder sonstige erhebliche Interessen der Bundesrepublik Deutschland es erfordern,
2. durch ausländerrechtliche Maßnahmen eines Landes erhebliche Interessen eines anderen Landes beeinträchtigt werden,
3. eine Ausländerbehörde einen Ausländer ausweisen will, der zu den bei konsularischen und diplomatischen Vertretungen vom Erfordernis der Aufenthaltsgenehmigung befreiten Personen gehört.
(3) Die Durchführung von Einzelweisungen im Land Berlin bedarf der Zustimmung des Senats von Berlin.

§ 66 Schriftform; Ausnahme von Formerfordernissen

(1) Der Verwaltungsakt, durch den ein Paßersatz, ein Ausweisersatz oder eine Aufenthaltsgenehmigung versagt, räumlich oder zeitlich beschränkt oder mit Bedingungen und Auflagen versehen wird, sowie die Ausweisung, die Duldung und Beschränkungen der Duldung bedürfen der Schriftform. Das gleiche gilt für Beschränkungen des Aufenthalts nach § 3 Abs. 5, die Anordnungen nach § 37 und den Widerruf von Verwaltungsakten nach diesem Gesetz.
(2) Die Versagung und die Beschränkung eines Visums und eines Paßersatzes vor der Einreise bedürfen keiner Begründung und Rechtsbehelfsbelehrung; die Versagung an der Grenze bedarf auch nicht der Schriftform.

3. AuslG

§ 67 Entscheidung über den Aufenthalt

(1) Über den Aufenthalt von Ausländern wird auf der Grundlage der im Bundesgebiet bekannten Umstände und zugänglichen Erkenntnisse entschieden. Über das Vorliegen der im § 53 bezeichneten Abschiebungshindernisse entscheidet die Ausländerbehörde auf der Grundlage der ihr vorliegenden und im Bundesgebiet zugänglichen Erkenntnisse und, soweit es im Einzelfall erforderlich ist, der den Behörden des Bundes außerhalb des Bundesgebiets zugänglichen Erkenntnisse.
(2) Wird gegen einen Ausländer, der die Erteilung oder Verlängerung einer Aufenthaltsgenehmigung beantragt hat, wegen des Verdachts einer Straftat oder einer Ordnungswidrigkeit ermittelt, ist die Entscheidung über die Aufenthaltsgenehmigung bis zum Abschluß des Verfahrens, im Falle der Verurteilung bis zum Eintritt der Rechtskraft des Urteils auszusetzen, es sei denn, über die Aufenthaltsgenehmigung kann ohne Rücksicht auf den Ausgang des Verfahrens entschieden werden.

§ 68 Handlungsfähigkeit Minderjähriger

(1) Fähig zur Vornahme von Verfahrenshandlungen nach diesem Gesetz ist auch ein Ausländer, der das 16. Lebensjahr vollendet hat, sofern er nicht nach Maßgabe des Bürgerlichen Gesetzbuches geschäftsunfähig oder im Falle seiner Volljährigkeit in dieser Angelegenheit zu betreuen und einem Einwilligungsvorbehalt zu unterstellen wäre.
(2) Die mangelnde Handlungsfähigkeit eines Minderjährigen steht seiner Zurückweisung und Zurückschiebung nicht entgegen. Das gleiche gilt für die Androhung und Durchführung der Abschiebung in den Herkunftsstaat, wenn sich sein gesetzlicher Vertreter nicht im Bundesgebiet aufhält oder dessen Aufenthaltsort im Bundesgebiet unbekannt ist.
(3) Bei der Anwendung dieses Gesetzes sind die Vorschriften des Bürgerlichen Gesetzbuchs dafür maßgebend, ob ein Ausländer als minderjährig oder volljährig anzusehen ist. Die Geschäftsfähigkeit und die sonstige rechtliche Handlungsfähigkeit eines nach dem Recht seines Heimatstaates volljährigen Ausländers bleiben davon unberührt.
(4) Die gesetzlichen Vertreter eines Ausländers, der das 16. Lebensjahr noch nicht vollendet hat, und sonstige Personen, die an Stelle der gesetzlichen Vertreter den Ausländer im Bundesgebiet betreuen, sind verpflichtet, für den Ausländer die erforderlichen Anträge auf Erteilung und Verlängerung der Aufenthaltsgenehmigung und auf Erteilung und Verlängerung des Passes, des Paßersatzes und des Ausweisersatzes zu stellen.

§ 69 Beantragung der Aufenthaltsgenehmigung

(1) Eine Aufenthaltsgenehmigung, die nach Maßgabe der Rechtsverordnung nach § 3 Abs. 3 Satz 2 nach der Einreise eingeholt werden kann, ist unverzüglich nach der Einreise oder innerhalb der in der Rechtsverordnung bestimmten Frist zu beantragen. Für ein im Bundesgebiet geborenes Kind, dem nicht von Amts wegen eine Aufenthaltsgenehmigung zu erteilen ist, ist der Antrag innerhalb von sechs Monaten nach der Geburt zu stellen.

(2) Beantragt ein Ausländer nach der Einreise die Erteilung einer Aufenthaltsgenehmigung oder die Verlängerung eines ohne Zustimmung der Ausländerbehörde erteilten Visums, gilt sein Aufenthalt nach Ablauf der Befreiung vom Erfordernis der Aufenthaltsgenehmigung oder der Geltungsdauer des Visums beschränkt auf den Bezirk der Ausländerbehörde als geduldet, bis die Ausländerbehörde über den Antrag entschieden hat. Diese Wirkung der Antragstellung tritt nicht ein, wenn der Ausländer
1. unerlaubt eingereist ist,
2. ausgewiesen oder auf Grund eines sonstigen Verwaltungsaktes ausreisepflichtig und noch nicht ausgereist ist oder
3. nach der Ablehnung seines Antrages und vor der Ausreise einen neuen Antrag stellt.

(3) Beantragt ein Ausländer, der
1. mit einem mit Zustimmung der Ausländerbehörde erteilten Visum eingereist ist oder
2. sich seit mehr als sechs Monaten rechtmäßig im Bundesgebiet aufhält,

die Erteilung oder Verlängerung einer Aufenthaltsgenehmigung, gilt sein Aufenthalt bis zur Entscheidung der Ausländerbehörde als erlaubt. In den Fällen des Absatzes 1 gilt der Aufenthalt des Ausländers bis zum Ablauf der Antragsfrist und nach Stellung des Antrages bis zur Entscheidung der Ausländerbehörde als erlaubt. Absatz 2 Satz 2 Nr. 2 und 3 gilt entsprechend.

§ 70 Mitwirkung des Ausländers

(1) Dem Ausländer obliegt es, seine Belange und für ihn günstige Umstände, soweit sie nicht offenkundig oder bekannt sind, unter Angabe nachprüfbarer Umstände unverzüglich geltend zu machen und die erforderlichen Nachweise über seine persönlichen Verhältnisse, sonstige erforderliche Bescheinigungen und Erlaubnisse sowie sonstige erforderliche Nachweise, die er erbringen kann, unverzüglich beizubringen. Die Ausländerbehörde kann ihm dafür eine angemessene Frist setzen. Nach Ablauf der Frist geltend gemachte Umstände und

beigebrachte Nachweise können unberücksichtigt bleiben. Der Ausländer soll auf seine Obliegenheiten nach Satz 1 hingewiesen werden. Im Falle der Fristsetzung ist er auf die Folgen der Fristversäumung hinzuweisen.
(2) Absatz 1 findet im Widerspruchsverfahren entsprechende Anwendung.
(3) Nach dem Eintritt der Unanfechtbarkeit der Abschiebungsandrohung bleiben für weitere Entscheidungen der Ausländerbehörde über die Abschiebung oder die Aussetzung der Abschiebung Umstände unberücksichtigt, die einer Abschiebung in den in der Abschiebungsandrohung bezeichneten Staat entgegenstehen und die vor dem Eintritt der Unanfechtbarkeit der Abschiebungsandrohung eingetreten sind; sonstige von dem Ausländer geltend gemachte Umstände, die der Abschiebung oder der Abschiebung in diesen Staat entgegenstehen, können unberücksichtigt bleiben. Die Vorschriften, nach denen der Ausländer die im Satz 1 bezeichneten Umstände gerichtlich im Wege der Klage oder im Verfahren des vorläufigen Rechtsschutzes nach der Verwaltungsgerichtsordnung geltend machen kann, bleiben unberührt.
(4) Soweit es zur Vorbereitung und Durchführung von Maßnahmen nach diesem Gesetz und nach ausländerrechtlichen Bestimmungen in anderen Gesetzen erforderlich ist, kann das persönliche Erscheinen des Ausländers angeordnet werden.

§ 71 Beschränkungen der Anfechtbarkeit

(1) Die Versagung eines Visums und eines Paßersatzes an der Grenze ist unanfechtbar. Der Ausländer wird auf die Möglichkeit einer Antragstellung bei der zuständigen Auslandsvertretung hingewiesen.
(2) Gegen die Versagung der Aufenthaltsgenehmigung nach den §§ 8 und 13 Abs. 2 Satz 1 können vor der Ausreise des Ausländers Rechtsbehelfe nur darauf gestützt werden, daß der Versagungsgrund nicht vorliegt. In den Fällen des § 8 Abs. 1 Nr. 1 und 2 und § 13 Abs. 2 Satz 1 wird vermutet, daß schon im Zeitpunkt der Einreise der Ausländer visumspflichtig und das Visum zustimmungsbedürftig war.
(3) Gegen die Versagung einer Duldung findet kein Widerspruch statt.

§ 72 Wirkungen von Widerspruch und Klage

(1) Widerspruch und Klage gegen die Ablehnung eines Antrages auf Erteilung oder Verlängerung der Aufenthaltsgenehmigung haben keine aufschiebende Wirkung.
(2) Widerspruch und Klage lassen unbeschadet ihrer aufschiebenden Wirkung die Wirksamkeit der Ausweisung und eines sonstigen Verwal-

tungsaktes, der die Rechtmäßigkeit des Aufenthalts beendet, unberührt. Eine Unterbrechung der Rechtmäßigkeit des Aufenthalts tritt nicht ein, wenn der Verwaltungsakt durch eine behördliche oder unanfechtbare gerichtliche Entscheidung aufgehoben wird.

§ 73 Rückbeförderungspflicht der Beförderungsunternehmer

(1) Wird ein Ausländer, der mit einem Luft-, See- oder Landfahrzeug einreisen will, zurückgewiesen, so hat ihn der Beförderungsunternehmer unverzüglich außer Landes zu bringen.
(2) Die Verpflichtung nach Absatz 1 besteht für die Dauer von drei Jahren hinsichtlich der Ausländer, die ohne erforderlichen Paß oder ohne erforderliches Visum, das sie auf Grund ihrer Staatsangehörigkeit benötigen, in das Bundesgebiet befördert werden und die bei der Einreise nicht zurückgewiesen werden, weil sie sich auf politische Verfolgung oder auf die in § 53 Abs. 1 oder 4 bezeichneten Umstände berufen; die Verpflichtung erlischt, wenn dem Ausländer eine Aufenthaltsgenehmigung nach diesem Gesetz erteilt wird.
(3) Der Beförderungsunternehmer hat den Ausländer auf Verlangen der mit der polizeilichen Kontrolle des grenzüberschreitenden Verkehrs beauftragten Behörde in den Staat, der das Reisedokument ausgestellt hat oder aus dem er befördert wurde, oder in einen sonstigen Staat zu bringen, in dem seine Einreise gewährleistet ist.

§ 74 Sonstige Pflichten der Beförderungsunternehmer

(1) Ein Beförderungsunternehmer darf Ausländer auf dem Luft- oder Seeweg nur in das Bundesgebiet befördern, wenn sie im Besitz eines erforderlichen Passes und eines erforderlichen Visums sind, das sie auf Grund ihrer Staatsangehörigkeit benötigen. Das Bundesministerium des Innern oder die von ihm bestimmte Stelle kann im Einvernehmen mit dem Bundesministerium für Verkehr einem Beförderungsunternehmer untersagen, Ausländer auf einem sonstigen Wege in das Bundesgebiet zu befördern, wenn sie nicht im Besitz eines erforderlichen Passes und eines Visums sind, das sie auf Grund ihrer Staatsangehörigkeit benötigen.
(2) Das Bundesministerium des Innern oder die von ihm bestimmte Stelle kann im Einvernehmen mit dem Bundesministerium für Verkehr einem Beförderungsunternehmer
1. aufgeben, Ausländer nicht dem Absatz 1 Satz 1 zuwider in das Bundesgebiet zu befördern, und
2. für den Fall der Zuwiderhandlung gegen diese Verfügung oder gegen das nach Absatz 1 Satz 2 angeordnete Beförderungsverbot das Zwangsgeld nach Satz 2 androhen.

3. AuslG

Der Beförderungsunternehmer hat für jeden Ausländer, den er einer Verfügung nach Satz 1 Nr. 1 oder Absatz 1 Satz 2 zuwider befördert, einen Betrag von mindestens fünfhundert Deutsche Mark und höchstens fünftausend Deutsche Mark, im Falle der Beförderung auf dem Luft- oder Seeweg jedoch nicht unter zweitausend Deutsche Mark zu entrichten.
(3) Die Anordnungen nach Absatz 1 Satz 2 und Absatz 2 Satz 1 dürfen nur erlassen werden, wenn der Beförderungsunternehmer trotz Abmahnung Ausländer ohne erforderlichen Paß oder ohne erforderliches Visum befördert hat oder wenn der begründete Verdacht besteht, daß solche Ausländer befördert werden sollen. Widerspruch und Anfechtungsklage gegen die Anordnungen haben keine aufschiebende Wirkung.

§ 74 a Pflichten der Flughafenunternehmer

Der Unternehmer eines Verkehrsflughafens ist verpflichtet, auf dem Flughafengelände geeignete Unterkünfte zur Unterbringung von Ausländern, die nicht im Besitz eines erforderlichen Passes oder eines erforderlichen Visums sind, bis zum Vollzug der grenzpolizeilichen Entscheidung über die Einreise bereitzustellen.

§ 75 Erhebung personenbezogener Daten

(1) Die mit der Ausführung dieses Gesetzes betrauten Behörden dürfen zum Zwecke der Ausführung dieses Gesetzes und ausländerrechtlicher Bestimmungen in anderen Gesetzen personenbezogene Daten erheben, soweit dies zur Erfüllung ihrer Aufgaben nach diesem Gesetz und nach ausländerrechtlichen Bestimmungen in anderen Gesetzen erforderlich ist.
(2) Die Daten sind beim Betroffenen zu erheben. Sie dürfen auch ohne Mitwirkung des Betroffenen bei anderen öffentlichen Stellen, ausländischen Behörden und nicht-öffentlichen Stellen erhoben werden, wenn
1. dieses Gesetz oder eine andere Rechtsvorschrift es vorsieht oder zwingend voraussetzt,
2. es im Interesse des Betroffenen liegt und davon ausgegangen werden kann, daß dieser in Kenntnis des Verwendungszwecks seine Einwilligung erteilt hätte,
3. die Mitwirkung des Betroffenen nicht ausreicht oder einen unverhältnismäßigen Aufwand erfordern würde,
4. die zu erfüllende Aufgabe ihrer Art nach eine Erhebung bei anderen Personen oder Stellen erforderlich macht oder
5. es zur Überprüfung der Angaben des Betroffenen erforderlich ist.

AuslG 3.

Nach Satz 2 Nr. 3 oder 4 dürfen Daten nur erhoben werden, wenn keine Anhaltspunkte dafür bestehen, daß überwiegende schutzwürdige Interessen des Betroffenen beeinträchtigt werden.
(3) Werden personenbezogene Daten beim Betroffenen auf Grund einer Rechtsvorschrift erhoben, die zur Auskunft verpflichtet, ist der Betroffene auf diese Rechtsvorschrift hinzuweisen. Werden personenbezogene Daten bei einer nicht-öffentlichen Stelle erhoben, so ist die Stelle auf die der Erhebung zugrundeliegende Rechtsvorschrift, sonst auf die Freiwilligkeit ihrer Angaben hinzuweisen.

§ 76 Übermittlungen an Ausländerbehörden

(1) Öffentliche Stellen haben auf Ersuchen (§ 75 Abs. 1) den mit der Ausführung dieses Gesetzes betrauten Behörden ihnen bekannt gewordene Umstände mitzuteilen.
(2) Öffentliche Stellen haben unverzüglich die zuständige Ausländerbehörde zu unterrichten, wenn sie Kenntnis erlangen von
1. dem Aufenthalt eines Ausländers, der weder eine erforderliche Aufenthaltsgenehmigung noch eine Duldung besitzt,
2. dem Verstoß gegen eine räumliche Beschränkung oder
3. einem sonstigen Ausweisungsgrund;
in den Fällen der Nummern 1 und 2 und sonstiger nach diesem Gesetz strafbarer Handlungen kann statt der Ausländerbehörde die zuständige Polizeibehörde unterrichtet werden, wenn eine der in § 63 Abs. 6 bezeichneten Maßnahmen in Betracht kommt; die Polizeibehörde unterrichtet unverzüglich die Ausländerbehörde.
(3) Der Beauftragte der Bundesregierung für die Integration der ausländischen Arbeitnehmer und ihrer Familienangehörigen ist nach den Absätzen 1 und 2 zu Mitteilungen über einen diesem Personenkreis angehörenden Ausländer nur verpflichtet, soweit dadurch die Erfüllung seiner eigenen Aufgaben nicht gefährdet wird. Die Landesregierungen können durch Rechtsverordnung bestimmen, daß der Ausländerbeauftragte des Landes und die Ausländerbeauftragten von Gemeinden nach den Absätzen 1 und 2 zu Mitteilungen über einen Ausländer, der sich rechtmäßig in dem Land oder der Gemeinde aufhält oder der sich bis zum Erlaß eines die Rechtmäßigkeit des Aufenthalts beendenden Verwaltungsaktes rechtmäßig dort aufgehalten hat, nur nach Maßgabe des Satzes 1 verpflichtet sind.
(4) Die für die Einleitung und Durchführung eines Straf- und eines Bußgeldverfahrens zuständigen Stellen haben die zuständigen Ausländerbehörde unverzüglich über die Einleitung des Verfahrens sowie die Verfahrenserledigungen bei der Staatsanwaltschaft, bei Gericht oder bei der für die Verfolgung und Ahndung der Ordnungswidrigkeit zuständigen Verwaltungsbehörde unter Angabe der gesetzlichen

3. AuslG

Vorschriften zu unterrichten. Satz 1 gilt entsprechend für die Einleitung eines Auslieferungsverfahrens gegen einen Ausländer. Satz 1 gilt nicht für Verfahren wegen einer Ordnungswidrigkeit, die nur mit einem Bußgeld bis zu tausend Deutsche Mark geahndet werden kann.
(5) Das Bundesministerium des Innern bestimmt durch Rechtsverordnung mit Zustimmung des Bundesrates, daß die
1. Meldebehörden,
2. Staatsangehörigkeitsbehörden,
3. Paß- und Personalausweisbehörden,
4. Sozial- und Jugendämter,
5. Justiz-, Polizei- und Ordnungsbehörden,
6. Arbeitsämter,
7. Finanz- und Hauptzollämter und
8. Gewerbebehörden

ohne Ersuchen den Ausländerbehörden personenbezogene Daten von Ausländern, Amtshandlungen und sonstige Maßnahmen gegenüber Ausländern und sonstige Erkenntnisse über Ausländer mitzuteilen haben, soweit diese Angaben zur Erfüllung der Aufgaben der Ausländerbehörden nach diesem Gesetz und nach ausländerrechtlichen Bestimmungen in anderen Gesetzen erforderlich sind. Die Rechtsverordnung bestimmt Art und Umfang der Daten, die Maßnahmen und die sonstigen Erkenntnisse, die zu übermitteln sind.

§ 77 Übermittlungen bei besonderen gesetzlichen Verwendungsregelungen

(1) Eine Übermittlung personenbezogener Daten und sonstiger Angaben nach § 76 unterbleibt, soweit besondere gesetzliche Verwendungsregelungen entgegenstehen.
(2) Personenbezogene Daten, die von einem Arzt oder anderen in § 203 Abs. 1 Nr. 1, 2, 4 bis 6 und Abs. 3 des Strafgesetzbuches genannten Personen einer öffentlichen Stelle zugänglich gemacht worden sind, dürfen von dieser übermittelt werden,
1. wenn der Ausländer die öffentliche Gesundheit gefährdet und besondere Schutzmaßnahmen zum Ausschluß der Gefährdung nicht möglich sind oder von dem Ausländer nicht eingehalten werden oder
2. soweit die Daten für die Feststellung erforderlich sind, ob die im § 46 Nr. 4 bezeichneten Voraussetzungen vorliegen.

(3) Personenbezogene Daten, die nach § 30 der Abgabenordnung dem Steuergeheimnis unterliegen, dürfen übermittelt werden, wenn der Ausländer gegen eine Vorschrift des Steuerrechts einschließlich des Zollrechts und des Monopolrechts oder des Außenwirtschaftsrechts oder gegen Einfuhr-, Ausfuhr-, Durchfuhr- oder Verbringungsverbote

oder -beschränkungen verstoßen hat und wegen dieses Verstoßes ein strafrechtliches Ermittlungsverfahren eingeleitet oder eine Geldbuße von mindestens tausend Deutsche Mark verhängt worden ist. In den Fällen des Satzes 1 dürfen auch die mit der polizeilichen Kontrolle des grenzüberschreitenden Verkehrs betrauten Behörden unterrichtet werden, wenn ein Ausreiseverbot nach § 62 Abs. 2 Satz 1 erlassen werden soll.
(4) Auf die Übermittlung durch die mit der Ausführung dieses Gesetzes betrauten Behörden und durch nicht-öffentliche Stellen finden die Absätze 1 bis 3 entsprechende Anwendung.

§ 78 Verfahren bei erkennungsdienstlichen Maßnahmen

(1) Das Bundeskriminalamt leistet Amtshilfe bei der Auswertung der nach § 41 Abs. 2 und 3 gewonnenen Unterlagen.
(2) Die nach § 41 Abs. 2 und 3 gewonnenen Unterlagen werden vom Bundeskriminalamt getrennt von anderen erkennungsdienstlichen Unterlagen aufbewahrt.
(3) Die Nutzung der nach § 41 Abs. 2 und 3 gewonnenen Unterlagen ist auch zulässig zur Feststellung der Identität oder der Zuordnung von Beweismitteln im Rahmen der Strafverfolgung und der polizeilichen Gefahrenabwehr. Sie dürfen, soweit und solange es erforderlich ist, den für diese Maßnahmen zuständigen Behörden überlassen werden.
(4) Die nach § 41 Abs. 2 und 3 gewonnenen Unterlagen sind von allen Behörden, die sie aufbewahren, zu vernichten, wenn
1. dem Ausländer ein gültiger Paß oder Paßersatz ausgestellt und von der Ausländerbehörde eine Aufenthaltsgenehmigung erteilt worden ist oder
2. seit der letzten Ausreise des Ausländers und seiner letzten versuchten unerlaubten Einreise zehn Jahre vergangen sind oder
3. im Falle des § 41 Abs. 3 Satz 2 seit der Zurückweisung oder Zurückschiebung drei Jahre vergangen sind.

Das gilt nicht, soweit und solange die Unterlagen im Rahmen eines Strafverfahrens oder zur Abwehr einer Gefahr für die öffentliche Sicherheit und Ordnung benötigt werden. Über die Vernichtung ist eine Niederschrift anzufertigen.

§ 79 Übermittlungen durch Ausländerbehörden

(1) Ergeben sich im Einzelfall konkrete Anhaltspunkte für
1. eine Beschäftigung oder Tätigkeit von Ausländern ohne erforderliche Arbeitserlaubnis,

3. AuslG

2. Verstöße gegen die Mitwirkungspflicht gegenüber einer Dienststelle der Bundesanstalt für Arbeit nach § 60 Abs. 1 Nr. 2 des Ersten Buches Sozialgesetzbuch,
3. für die in § 233 b Abs. 2 Satz 1 Nr. 1 bis 4 des Arbeitsförderungsgesetzes bezeichneten Verstöße,

unterrichten die mit der Ausführung dieses Gesetzes betrauten Behörden die für die Verfolgung und Ahndung der Verstöße nach den Nummern 1 bis 3 zuständigen Behörden.

(2) Bei der Verfolgung und Ahndung von Verstößen gegen dieses Gesetz arbeiten die mit der Ausführung dieses Gesetzes betrauten Behörden insbesondere mit der Bundesanstalt für Arbeit und den in § 233 b Abs. 1 Nr. 1, 2 und 4 bis 6 des Arbeitsförderungsgesetzes genannten Behörden zusammen.

§ 80 Speicherung und Löschung personenbezogener Daten

(1) Das Bundesministerium des Innern kann durch Rechtsverordnung mit Zustimmung des Bundesrates bestimmen, daß
1. jede Ausländerbehörde eine Datei über Ausländer führt, die sich in ihrem Bezirk aufhalten oder aufgehalten haben, die bei ihr einen Antrag gestellt oder Einreise und Aufenthalt angezeigt haben und für und gegen die sie eine ausländerrechtliche Maßnahme oder Entscheidung getroffen hat,
2. die Auslandsvertretungen eine Datei über die erteilten Visa führen und
3. die mit der Ausführung dieses Gesetzes betrauten Behörden eine sonstige zur Erfüllung ihrer Aufgaben erforderliche Datei führen.

Nach Satz 1 Nr. 1 und 2 dürfen nur erfaßt werden die Personalien einschließlich der Staatsangehörigkeit und der Anschrift des Ausländers, Angaben zum Paß, über ausländerrechtliche Maßnahmen und über die Erfassung im Ausländerzentralregister sowie über frühere Anschriften des Ausländers, die zuständige Ausländerbehörde und die Abgabe von Akten an eine andere Ausländerbehörde.

(2) Die Unterlagen über die Ausweisung und die Abschiebung sind zehn Jahre nach dem Ablauf der in § 8 Abs. 2 Satz 2 bezeichneten Frist zu vernichten. Sie sind vor diesem Zeitpunkt zu vernichten, soweit sie Erkenntnisse enthalten, die nach anderen gesetzlichen Bestimmungen nicht mehr gegen den Ausländer verwertet werden dürfen.

(3) Mitteilungen nach § 76 Abs. 1, die für eine anstehende ausländerrechtliche Entscheidung unerheblich sind und auch für eine spätere ausländerrechtliche Entscheidung nicht erheblich werden können, sind unverzüglich zu vernichten.

AuslG 3.

§ 81 Kosten

(1) Für Amtshandlungen nach diesem Gesetz und den zur Durchführung dieses Gesetzes erlassenen Rechtsverordnungen werden Kosten (Gebühren und Auslagen) erhoben.

(2) Die Bundesregierung bestimmt durch Rechtsverordnung mit Zustimmung des Bundesrates die gebührenpflichtigen Tatbestände und die Gebührensätze sowie Gebührenbefreiungen und -ermäßigungen, insbesondere für Fälle der Bedürftigkeit. Das Verwaltungskostengesetz findet Anwendung, soweit dieses Gesetz keine abweichenden Vorschriften enthält.

(3) Die in der Rechtsverordnung bestimmten Gebühren dürfen folgende Höchstsätze nicht übersteigen:
1. für die Erteilung einer befristeten Aufenthaltserlaubnis: 150 Deutsche Mark,
2. für die Erteilung einer Aufenthaltsbewilligung und einer Aufenthaltsbefugnis: 100 Deutsche Mark,
3. für die Erteilung einer unbefristeten Aufenthaltserlaubnis und einer Aufenthaltsberechtigung: 250 Deutsche Mark,
4. für die befristete Verlängerung einer Aufenthaltserlaubnis, einer Aufenthaltsbewilligung und einer Aufenthaltsbefugnis: die Hälfte der für die Erteilung bestimmten Gebühren,
5. für die Erteilung eines Visums und einer Duldung und die Ausstellung eines Paßersatzes und eines Ausweisersatzes: 50 Deutsche Mark,
6. für sonstige Amtshandlungen: 50 Deutsche Mark,
7. für Amtshandlungen zugunsten Minderjähriger: die Hälfte der für die Amtshandlung bestimmten Gebühr.

(4) Für Amtshandlungen, die im Ausland vorgenommen werden, können Zuschläge zu den Gebühren festgesetzt werden, um Kaufkraftunterschiede auszugleichen. Für die Erteilung eines Visums und eines Paßersatzes an der Grenze darf ein Zuschlag von höchstens 25 Deutsche Mark erhoben werden. Für eine auf Wunsch des Antragstellers außerhalb der Dienstzeit vorgenommene Amtshandlung darf ein Zuschlag von höchstens 50 Deutsche Mark erhoben werden. Gebührenzuschläge können auch für die Amtshandlungen gegenüber einem Staatsangehörigen festgesetzt werden, dessen Heimatstaat von Deutschen für entsprechende Amtshandlungen höhere als die nach Absatz 2 festgesetzten Gebühren erhebt. Bei der Festsetzung von Gebührenzuschlägen können die in Absatz 3 bestimmten Höchstsätze überschritten werden.

(5) Die Rechtsverordnung nach Absatz 2 kann vorsehen, daß für die Beantragung gebührenpflichtiger Amtshandlungen eine Bearbeitungsgebühr erhoben wird. Die Bearbeitungsgebühr darf höchstens die

3. AuslG

Hälfte der für die Amtshandlung zu erhebenden Gebühr betragen. Die Gebühr ist auf die Gebühr für die Amtshandlung anzurechnen. Sie wird auch im Falle der Rücknahme des Antrages und der Versagung der beantragten Amtshandlung nicht zurückgezahlt.
(6) Die Rechtsverordnung nach Absatz 2 kann für die Einlegung eines Widerspruchs Gebühren vorsehen, die höchstens betragen dürfen
1. für den Widerspruch gegen die Ablehnung eines Antrages auf Vornahme einer gebührenpflichtigen Amtshandlung: die Hälfte der für diese vorgesehenen Gebühr,
2. für den Widerspruch gegen eine sonstige Amtshandlung: 100 Deutsche Mark.
Soweit der Widerspruch Erfolg hat, ist die Gebühr auf die Gebühr für die vorzunehmende Amtshandlung anzurechnen und im übrigen zurückzuzahlen.

§ 82 Kostenschuldner; Sicherheitsleistung

(1) Kosten, die durch die Abschiebung, Zurückschiebung oder Zurückweisung entstehen, hat der Ausländer zu tragen.
(2) Neben dem Ausländer haftet für die in Absatz 1 bezeichneten Kosten, wer sich gegenüber der Ausländerbehörde oder der Auslandsvertretung verpflichtet hat, für die Ausreisekosten des Ausländers aufzukommen.
(3) In den Fällen des § 73 Abs. 1 und 2 haftet der Beförderungsunternehmer neben dem Ausländer für die Kosten der Rückbeförderung des Ausländers und für die Kosten, die von der Ankunft des Ausländers an der Grenzübergangsstelle bis zum Vollzug der Entscheidung über die Einreise entstehen. Ein Beförderungsunternehmer, der schuldhaft einer Verfügung nach § 74 Abs. 1 Satz 2 oder Abs. 2 Satz 1 Nr. 1 zuwiderhandelt, haftet neben dem Ausländer für sonstige Kosten, die in den Fällen des § 73 Abs. 1 durch die Zurückweisung und in den Fällen des § 73 Abs. 2 durch die Abschiebung entstehen.
(4) Für die Kosten der Abschiebung oder Zurückschiebung haftet, wer den Ausländer als Arbeitnehmer beschäftigt hat, wenn diesem die Ausübung der Erwerbstätigkeit nach den Vorschriften dieses Gesetzes oder des Arbeitsförderungsgesetzes nicht erlaubt war. In gleicher Weise haftet, wer eine nach § 92 Abs. 2 strafbare Handlung begeht. Der Ausländer haftet für die Kosten nur, soweit sie von dem anderen Kostenschuldner nicht beigetrieben werden können.
(5) Von dem Kostenschuldner kann eine Sicherheitsleistung verlangt werden. Die Anordnung einer Sicherheitsleistung des Ausländers kann von der Behörde, die sie erlassen hat, ohne vorherige Vollstreckungsanordnung und Fristsetzung vollstreckt werden, wenn andernfalls die Erhebung gefährdet wäre. Zur Sicherung der Ausreisekosten können

AuslG 3.

Rückflugscheine und sonstige Fahrausweise beschlagnahmt werden, die im Besitz eines Ausländers sind, der zurückgewiesen, zurückgeschoben, ausgewiesen oder abgeschoben werden soll oder dem Einreise und Aufenthalt nur wegen der Stellung eines Asylantrages gestattet wird.

§ 83 Umfang der Kostenhaftung; Verjährung

(1) Die Kosten der Abschiebung, Zurückschiebung und Zurückweisung umfassen
1. die Beförderungs- und sonstigen Reisekosten für den Ausländer innerhalb des Bundesgebiets und bis zum Zielort außerhalb des Bundesgebiets,
2. die bei der Vorbereitung und Durchführung der Maßnahme entstehenden Verwaltungskosten einschließlich der Kosten für die Abschiebungshaft und der Übersetzungskosten und die Ausgaben für die Unterbringung, Verpflegung und sonstige Versorgung des Ausländers sowie
3. sämtliche durch eine erforderliche amtliche Begleitung des Ausländers entstehenden Kosten einschließlich der Personalkosten.

(2) Die Kosten, für die der Beförderungsunternehmer nach § 82 Abs. 3 Satz 1 haftet, umfassen
1. die in Absatz 1 Nr. 1 bezeichneten Kosten,
2. die bis zum Vollzug der Entscheidung über die Einreise entstehenden Verwaltungskosten und Ausgaben für die Unterbringung, Verpflegung und sonstige Versorgung des Ausländers und
3. die in Absatz 1 Nr. 3 bezeichneten Kosten, soweit der Beförderungsunternehmer nicht selbst die erforderliche Begleitung des Ausländers übernimmt.

(3) Die Verjährung von Ansprüchen nach den §§ 81 und 82 wird auch unterbrochen, solange sich der Kostenschuldner nicht im Bundesgebiet aufhält oder sein Aufenthalt im Bundesgebiet deshalb nicht festgestellt werden kann, weil er einer gesetzlichen Meldepflicht oder Anzeigepflicht nicht nachgekommen ist.

(4) Die in Absatz 1 und 2 genannten Kosten werden von der nach § 63 zuständigen Behörde durch Leistungsbescheid in Höhe der tatsächlich entstandenen Kosten erhoben. Hinsichtlich der Berechnung der Personalkosten gelten die allgemeinen Grundsätze zur Berechnung von Personalkosten der öffentlichen Hand. Die Ansprüche verjähren sechs Jahre nach Fälligkeit.

§ 84 Haftung für Lebensunterhalt

(1) Wer sich der Ausländerbehörde oder einer Auslandsvertretung

3. AuslG

gegenüber verpflichtet hat, die Kosten für den Lebensunterhalt eines Ausländers zu tragen, hat sämtliche öffentlichen Mittel zu erstatten, die für den Lebensunterhalt des Ausländers einschließlich der Versorgung mit Wohnraum und der Versorgung im Krankheitsfalle und bei Pflegebedürftigkeit aufgewendet werden, auch soweit die Aufwendungen auf einem gesetzlichen Anspruch des Ausländers beruhen. Aufwendungen, die auf einer Beitragsleistung beruhen, sind nicht zu erstatten.
(2) Die Verpflichtung nach Absatz 1 Satz 1 bedarf der Schriftform. Sie ist nach Maßgabe des Verwaltungs-Vollstreckungsgesetzes vollstreckbar. Der Erstattungsanspruch steht der öffentlichen Stelle zu, die die öffentlichen Mittel aufgewendet hat.
(3) Die Auslandsvertretung unterrichtet unverzüglich die Ausländerbehörde über eine Verpflichtung nach Absatz 1 Satz 1.
(4) Die Ausländerbehörde unterrichtet auf Ersuchen oder, wenn sie Kenntnis von der Aufwendung nach Absatz 1 zu erstattender öffentlicher Mittel erlangt, ohne Ersuchen unverzüglich die öffentliche Stelle, der der Erstattungsanspruch zusteht, über die Verpflichtung nach Absatz 1 Satz 1 und erteilt ihr alle für die Geltendmachung und Durchsetzung des Erstattungsanspruches erforderlichen Auskünfte. Der Empfänger darf die Daten nur zum Zwecke der Erstattung der für den Ausländer aufgewendeten öffentlichen Mittel sowie der Versagung weiterer Leistungen verwenden.

Siebenter Abschnitt
Erleichterte Einbürgerung

§ 85 Erleichterte Einbürgerung junger Ausländer

(1) Ein Ausländer, der nach Vollendung seines 16. und vor Vollendung seines 23. Lebensjahres die Einbürgerung beantragt, ist in der Regel einzubürgern, wenn er
1. seine bisherige Staatsangehörigkeit aufgibt oder verliert,
2. seit acht Jahren rechtmäßig seinen gewöhnlichen Aufenthalt im Bundesgebiet hat,
3. sechs Jahre im Bundesgebiet eine Schule, davon mindestens vier Jahre eine allgemeinbildende Schule besucht hat und
4. nicht wegen einer Straftat verurteilt worden ist.
(2) Ein Einbürgerungsanspruch besteht nicht, wenn der Ausländer nicht im Besitz einer Aufenthaltserlaubnis oder Aufenthaltsberechtigung ist. Die Einbürgerung kann versagt werden, wenn ein Ausweisungsgrund nach § 46 Nr. 1 vorliegt.

AuslG 3.

§ 86 Erleichterte Einbürgerung von Ausländern mit langem Aufenthalt

(1) Ein Ausländer, der seit 15 Jahren rechtmäßig seinen gewöhnlichen Aufenthalt im Bundesgebiet hat, ist auf Antrag einzubürgern, wenn er
1. seine bisherige Staatsangehörigkeit aufgibt oder verliert,
2. nicht wegen einer Straftat verurteilt worden ist und
3. den Lebensunterhalt für sich und seine unterhaltsberechtigten Familienangehörigen ohne Inanspruchnahme von Sozial- oder Arbeitslosenhilfe bestreiten kann;

von der in Nummer 3 bezeichneten Voraussetzung wird abgesehen, wenn der Ausländer aus einem von ihm nicht zu vertretenden Grunde den Lebensunterhalt nicht ohne Inanspruchnahme von Sozial- oder Arbeitslosenhilfe bestreiten kann.

(2) Der Ehegatte und die minderjährigen Kinder des Ausländers können nach Maßgabe des Absatzes 1 mit eingebürgert werden, auch wenn sie sich noch nicht seit 15 Jahren rechtmäßig im Bundesgebiet aufhalten.

(3) § 85 Abs. 2 gilt entsprechend.

§ 87 Einbürgerung unter Hinnahme von Mehrstaatigkeit

(1) Von der Voraussetzung des § 85 Nr. 1 und des § 86 Abs. 1 Nr. 1 wird abgesehen, wenn der Ausländer seine bisherige Staatsangehörigkeit nicht oder nur unter besonders schwierigen Bedingungen aufgeben kann. Das ist anzunehmen, wenn
1. das Recht des Heimatstaates das Ausscheiden aus der bisherigen Staatsangehörigkeit nicht vorsieht,
2. der Heimatstaat die Entlassung regelmäßig verweigert und der Ausländer der Einbürgerungsbehörde einen Entlassungsantrag zur amtlichen Weiterleitung an seinen Heimatstaat übergeben hat,
3. der Heimatstaat die Entlassung aus der bisherigen Staatsangehörigkeit willkürhaft versagt oder über den vollständigen und formgerechten Entlassungsantrag nicht in angemessener Zeit entschieden hat,
4. bei Angehörigen bestimmter Personengruppen, insbesondere politischen Flüchtlingen, die Forderung nach Entlassung aus der bisherigen Staatsangehörigkeit eine unzumutbare Härte bedeuten würde.

(2) Von der Voraussetzung des § 85 Nr. 1 und des § 86 Abs. 1 Nr. 1 kann abgesehen werden, wenn der Heimatstaat die Entlassung aus der bisherigen Staatsangehörigkeit von der Leistung des Wehrdienstes abhängig macht und wenn der Ausländer den überwiegenden Teil

3. AuslG

seiner Schulausbildung in deutschen Schulen erhalten hat und im Bundesgebiet in deutsche Lebensverhältnisse und in das wehrpflichtige Alter hineingewachsen ist.

(3) Erfordert die Entlassung aus der bisherigen Staatsangehörigkeit die Volljährigkeit des Ausländers, erhält dieser, wenn er nach dem Recht seines Heimatstaates noch minderjährig ist, eine Einbürgerungszusicherung.

§ 88 Entscheidung bei Straffälligkeit

(1) Nach § 85 Nr. 4 und § 86 Abs. 1 Nr. 2 bleiben außer Betracht
1. die Verhängung von Erziehungsmaßregeln oder Zuchtmitteln nach dem Jugendgerichtsgesetz,
2. Verurteilungen zu Geldstrafe bis zu 180 Tagessätzen und
3. Verurteilungen zu Freiheitsstrafe bis zu sechs Monaten, die zur Bewährung ausgesetzt und nach Ablauf der Bewährungszeit erlassen worden ist.

Ist der Ausländer zu einer höheren Strafe verurteilt worden, wird im Einzelfall entschieden, ob die Straftat außer Betracht bleiben kann.

(2) Im Falle der Verhängung von Jugendstrafe bis zu einem Jahr, die zur Bewährung ausgesetzt ist, erhält der Ausländer eine Einbürgerungszusicherung für den Fall, daß die Strafe nach Ablauf der Bewährungszeit erlassen wird.

(3) Wird gegen einen Ausländer, der die Einbürgerung beantragt hat, wegen des Verdachts einer Straftat ermittelt, ist die Entscheidung über die Einbürgerung bis zum Abschluß des Verfahrens, im Falle der Verurteilung bis zum Eintritt der Rechtskraft des Urteils auszusetzen. Das gleiche gilt, wenn die Verhängung der Jugendstrafe nach § 27 des Jugendgerichtsgesetzes ausgesetzt ist.

§ 89 Unterbrechungen des rechtmäßigen Aufenthalts

(1) Der gewöhnliche Aufenthalt im Bundesgebiet wird durch Aufenthalte bis zu sechs Monaten außerhalb des Bundesgebiets nicht unterbrochen. Hat der Ausländer sich aus einem seiner Natur nach vorübergehenden Grunde länger als sechs Monate außerhalb des Bundesgebiets aufgehalten, wird auch diese Zeit bis zu einem Jahr auf die für die Einbürgerung erforderliche Aufenthaltsdauer angerechnet.

(2) Hat der Ausländer sich aus einem seiner Natur nach nicht vorübergehenden Grunde länger als sechs Monate außerhalb des Bundesgebiets aufgehalten, kann die frühere Aufenthaltszeit im Bundesgebiet bis zu fünf Jahren auf die für die Einbürgerung erforderliche Aufenthaltsdauer angerechnet werden.

(3) Unterbrechungen der Rechtmäßigkeit des Aufenthalts bleiben außer Betracht, wenn sie darauf beruhen, daß der Ausländer nicht rechtzeitig die erstmals erforderliche Erteilung oder die Verlängerung der Aufenthaltsgenehmigung beantragt hat oder nicht im Besitz eines gültigen Passes war.

§ 90 Einbürgerungsgebühr

Die Gebühr für die Einbürgerung nach den §§ 85 bis 89 beträgt 100 Deutsche Mark.

§ 91 Geltung der allgemeinen Vorschriften

Für das Verfahren bei der Einbürgerung einschließlich der Bestimmung der örtlichen Zuständigkeit gelten die Vorschriften des Staatsangehörigkeitsrechts. § 68 findet keine Anwendung.

Achter Abschnitt
Straf- und Bußgeldvorschriften

§ 92 Strafvorschriften

(1) Mit Freiheitsstrafe bis zu einem Jahr oder mit Geldstrafe wird bestraft, wer
1. entgegen § 3 Abs. 1 Satz 1 sich ohne Aufenthaltsgenehmigung im Bundesgebiet aufhält und keine Duldung nach § 55 Abs. 1 besitzt,
2. entgegen § 4 Abs. 1 in Verbindung mit § 39 Abs. 1 sich ohne Paß und ohne Ausweisersatz im Bundesgebiet aufhält,
3. einer vollziehbaren Auflage nach § 14 Abs. 2 Satz 2 oder § 56 Abs. 3 Satz 3, jeweils auch in Verbindung mit § 44 Abs. 6, oder einer vollziehbaren Anordnung nach § 62 Abs. 2 zuwiderhandelt,
4. wiederholt einer vollziehbaren Anordnung nach § 37 zuwiderhandelt,
5. entgegen § 41 Abs. 4 eine erkennungsdienstliche Maßnahme nicht duldet,
6. entgegen § 58 Abs. 1 in das Bundesgebiet einreist,
7. unrichtige oder unvollständige Angaben macht oder benutzt, um für sich oder einen anderen eine Aufenthaltsgenehmigung oder Duldung zu beschaffen, oder eine so beschaffte Urkunde wissentlich zur Täuschung im Rechtsverkehr gebraucht oder
8. im Bundesgebiet einer überwiegend aus Ausländern bestehenden Vereinigung oder Gruppe angehört, deren Bestehen, Zielsetzung

3. AuslG

oder Tätigkeit vor den Behörden geheimgehalten wird, um ihr Verbot abzuwenden.
(2) Mit Freiheitsstrafe bis zu drei Jahren oder mit Geldstrafe wird bestraft, wer einen Ausländer zu einer der in Absatz 1 Nr. 1 oder 6 bezeichneten Handlungen anstiftet oder ihm dabei Beihilfe leistet und
1. dafür einen Vermögensvorteil erhält oder sich versprechen läßt oder
2. dabei wiederholt oder zugunsten von mehr als fünf Ausländern handelt.

In besonders schweren Fällen ist die Strafe Freiheitsstrafe von sechs Monaten bis zu fünf Jahren; ein besonders schwerer Fall liegt in der Regel vor, wenn der Täter gewerbsmäßig oder aus grobem Eigennutz handelt.
(3) In den Fällen des Absatzes 2 ist der Versuch strafbar.
(4) Absatz 2 Nr. 1 und Absatz 3 sind auf Zuwiderhandlungen gegen Rechtsvorschriften über die Einreise und den Aufenthalt von Ausländern in das europäische Hoheitsgebiet einer der Vertragsparteien des Schengener Übereinkommens vom 19. Juni 1990 anzuwenden, wenn
1. sie den in Absatz 1 Nr. 1 oder 6 bezeichneten Handlungen entsprechen und
2. der Täter einen Ausländer unterstützt, der nicht die Staatsangehörigkeit eines Mitgliedstaates der Europäischen Gemeinschaften besitzt.«
(5) Gegenstände, auf die sich eine Straftat nach Absatz 1 Nr. 7 bezieht, können eingezogen werden.
(6) Artikel 31 Abs. 1 des Abkommens über die Rechtsstellung der Flüchtlinge bleibt unberührt.

§ 93 Bußgeldvorschriften

(1) Ordnungswidrig handelt, wer in den Fällen des § 92 Abs. 1 Nr. 1 bis 3 fahrlässig handelt.
(2) Ordnungswidrig handelt, wer
1. entgegen § 40 Abs. 1 eine dort genannte Urkunde nicht vorlegt, aushändigt oder überläßt oder
2. entgegen § 59 Abs. 1 sich der polizeilichen Kontrolle des grenzüberschreitenden Verkehrs entzieht.
(3) Ordnungswidrig handelt, wer vorsätzlich oder fahrlässig
1. einer vollziehbaren Auflage nach § 3 Abs. 5, § 14 Abs. 2 Satz 1, Abs. 3 oder § 56 Abs. 3 Satz 2, jeweils auch in Verbindung mit § 44 Abs. 6, zuwiderhandelt,
2. einer vollziehbaren Anordnung nach
   a) § 37 oder
   b) § 74 Abs. 1 Satz 2 oder Abs. 2 Satz 1 Nr. 1

zuwidergehandelt,
3. einer Rechtsverordnung nach § 38 oder § 40 Abs. 2 zuwiderhandelt, soweit sie für einen bestimmten Tatbestand auf diese Bußgeldvorschrift verweist,
4. entgegen § 59 Abs. 1 außerhalb einer zugelassenen Grenzübergangsstelle oder außerhalb der festgesetzten Verkehrsstunden einreist oder ausreist oder einen gültigen Paß oder Paßersatz nicht mitführt oder
5. entgegen § 68 Abs. 4 einen der dort genannten Anträge nicht stellt.

(4) In den Fällen des Absatzes 2 Nr. 2 und des Absatzes 3 Nr. 4 kann der Versuch der Ordnungswidrigkeit geahndet werden.

(5) Die Ordnungswidrigkeit kann in den Fällen der Absätze 1 und 2 Nr. 1 und des Absatzes 3 Nr. 2 Buchstabe a, Nr. 4 mit einer Geldbuße bis zu 5 000 Deutsche Mark, in den Fällen des Absatzes 2 Nr. 2 mit einer Geldbuße bis zu 10 000 Deutsche Mark, in den Fällen des Absatzes 3 Nr. 1, 3 und 5 mit einer Geldbuße bis zu 1000 Deutsche Mark und in den Fällen des Absatzes 3 Nr. 2 Buchstabe b mit einer Geldbuße bis zu 20 000 Deutsche Mark geahndet werden.

(6) Artikel 31 Abs. 1 des Abkommens über die Rechtsstellung der Flüchtlinge bleibt unberührt.

Neunter Abschnitt
Übergangs- und Schlußvorschriften

§ 94 Fortgeltung bisheriger Aufenthaltsrechte

(1) Eine vor dem Inkrafttreten dieses Gesetzes erteilte Aufenthaltsberechtigung gilt fort als
1. unbefristete Aufenthaltserlaubnis-EG, wenn dem Ausländer Freizügigkeit nach dem Aufenthaltsgesetz/EWG gewährt wird,
2. Aufenthaltsberechtigung nach diesem Gesetz, wenn sie einem sonstigen Ausländer erteilt worden ist.

(2) Eine vor dem Inkrafttreten dieses Gesetzes erteilte unbefristete Aufenthaltserlaubnis gilt fort als
1. unbefristete Aufenthaltserlaubnis-EG, wenn die in Absatz 1 Nr. 1 bezeichneten Voraussetzungen vorliegen,
2. unbefristete Aufenthaltserlaubnis nach diesem Gesetz, wenn sie einem sonstigen Ausländer erteilt worden ist.

(3) Eine vor dem Inkrafttreten dieses Gesetzes erteilte befristete Aufenthaltserlaubnis gilt fort als
1. Aufenthaltserlaubnis-EG, wenn die in Absatz 1 Nr. 1 bezeichneten Voraussetzungen vorliegen,

3. AuslG

2. Aufenthaltsbewilligung, wenn sie einem Ausländer für einen seiner Natur nach nur vorübergehenden Aufenthalt erfordernden Zweck oder als Familienangehörigen eines solchen Ausländers erteilt worden ist,
3. Aufenthaltsbefugnis, wenn sie dem Ausländer aus humanitären oder politischen Gründen oder wegen eines Abschiebungshindernisses oder als Familienangehörigen eines solchen Ausländers oder eines Ausländers erteilt worden ist, der eine Aufenthaltsgestattung nach dem Asylverfahrensgesetz oder eine Duldung besitzt,
4. befristete Aufenthaltserlaubnis nach diesem Gesetz, wenn sie einem sonstigen Ausländer erteilt worden ist.

(4) Eine vor dem Inkrafttreten dieses Gesetzes erteilte Aufenthaltserlaubnis in der Form des Sichtvermerks gilt als Visum nach diesem Gesetz fort.

§ 95 Fortgeltung sonstiger ausländerrechtlicher Maßnahmen

(1) Die vor dem Inkrafttreten dieses Gesetzes getroffenen sonstigen ausländerrechtlichen Maßnahmen, insbesondere zeitliche und räumliche Beschränkungen, Bedingungen und Auflagen, Verbote und Beschränkungen der politischen Betätigung sowie Ausweisungen, Abschiebungsandrohungen und Abschiebungen einschließlich ihrer Rechtsfolgen und der Befristung ihrer Wirkungen sowie Duldungen und sonstige begünstigende Maßnahmen bleiben wirksam.

(2) Auflagen zur Aufenthaltsberechtigung sind auf Antrag aufzuheben. Die Aufhebung ist gebührenfrei.

§ 96 Erhaltung der Rechtsstellung jugendlicher Ausländer

(1) Ausländer, die im Zeitpunkt des Inkrafttretens dieses Gesetzes das 16. Lebensjahr noch nicht vollendet haben und sich rechtmäßig im Bundesgebiet aufhalten, erhalten nach Maßgabe der Vorschriften dieses Gesetzes auf Antrag eine Aufenthaltsgenehmigung. Die Aufenthaltsgenehmigung kann abweichend von § 7 Abs. 2 und § 8 Abs. 1 und auch dann erteilt werden, wenn eine Erteilungsvoraussetzung nach diesem Gesetz nicht vorliegt.

(2) Der Antrag auf Erteilung der Aufenthaltsgenehmigung ist innerhalb eines Jahres nach dem Inkrafttreten dieses Gesetzes zu stellen. Bis zum Ablauf der Antragsfrist und nach Stellung des Antrages bis zur Entscheidung der Ausländerbehörde gilt die Befreiung vom Erfordernis der Aufenthaltserlaubnis, die vor dem Inkrafttreten dieses Gesetzes bestanden hat, fort, es sei denn, der Ausländer ist auf Grund eines Verwaltungsaktes ausreisepflichtig geworden.

(3) Soweit für den Erwerb oder die Ausübung eines Rechts oder für eine Vergünstigung die Dauer des Besitzes einer Aufenthaltsgenehmigung maßgebend ist, sind für Ausländer, die vor Vollendung ihres 16. Lebensjahres eingereist sind, der rechtmäßige Aufenthalt vor Inkrafttreten dieses Gesetzes und der rechtmäßige Aufenthalt nach Absatz 2 Satz 2 als Zeiten des Besitzes einer Aufenthaltsgenehmigung anzurechnen. Das gleiche gilt für Ausländer, die nach dem Inkrafttreten dieses Gesetzes wegen ihres Alters nach Maßgabe einer Rechtsverordnung oder einer anderen Rechtsvorschrift vom Erfordernis der Aufenthaltsgenehmigung befreit sind.

§ 97 Unterbrechungen der Rechtmäßigkeit des Aufenthalts

Unterbrechungen der Rechtmäßigkeit des Aufenthalts bis zu einem Jahr können außer Betracht bleiben.

§ 98 Übergangsregelung für Inhaber einer Aufenthaltserlaubnis

(1) Auf Ausländer, die im Zeitpunkt des Inkrafttretens dieses Gesetzes im Besitz einer Arbeitserlaubnis und einer befristeten Aufenthaltserlaubnis sind, findet § 7 Abs. 2 Nr. 1 und 2 mit der Maßgabe Anwendung, daß die Aufenthaltserlaubnis auch ungeachtet eines ergänzenden Bezuges von Sozialhilfe befristet verlängert werden kann, solange dem Ausländer ein Anspruch auf Arbeitslosengeld oder Arbeitslosenhilfe zusteht.
(2) Dem Ehegatten eines Ausländers, dessen vor dem Inkrafttreten dieses Gesetzes erteilte Aufenthaltserlaubnis als Aufenthaltserlaubnis nach diesem Gesetz fortgilt, wird abweichend von § 18 Abs. 1 Nr. 3 nach Maßgabe der §§ 17 und 18 Abs. 5 eine Aufenthaltserlaubnis erteilt.
(3) Die Absätze 1 und 2 finden entsprechende Anwendung, wenn der Ausländer vor Inkrafttreten dieses Gesetzes die Verlängerung der Aufenthaltserlaubnis beantragt hat und diese nach dem Inkrafttreten dieses Gesetzes als Aufenthaltserlaubnis verlängert wird.

§ 99 Übergangsregelung für Inhaber einer Aufenthaltsbefugnis

(1) In den Fällen des § 94 Abs. 3 Nr. 3 kann die Aufenthaltsbefugnis abweichend von § 34 Abs. 2 verlängert werden. Bei der Anwendung des § 35 ist die Zeit des Besitzes einer Aufenthaltserlaubnis vor dem Inkrafttreten dieses Gesetzes auf die erforderliche Dauer des Besitzes einer Aufenthaltsbefugnis anzurechnen.

3. AuslG

(2) Eine Anordnung der obersten Landesbehörde nach § 32 zur Ausführung des Absatzes 1 bedarf nicht des Einvernehmens mit dem Bundesministerium des Innern.

§ 100 Übergangsregelung für ehemalige Asylbewerber

(1) Einem Ausländer,
1. dessen Asylverfahren unanfechtbar ohne Anerkennung als Asylberechtigter abgeschlossen ist,
2. der auf Grund einer Verwaltungsvorschrift des Landes oder einer Entscheidung im Einzelfall aus rechtlichen oder humanitären Gründen wegen der Verhältnisse in seinem Herkunftsland nicht abgeschoben worden ist oder
3. dessen Aufenthalt wegen eines sonstigen von ihm nicht zu vertretenden Ausreise- und Abschiebungshindernisses nicht beendet werden kann,

kann eine Aufenthaltsbefugnis erteilt werden, wenn er sich im Zeitpunkt des Inkrafttretens dieses Gesetzes seit mindestens acht Jahren auf Grund einer Aufenthaltsgestattung nach dem Asylverfahrensgesetz oder geduldet im Bundesgebiet aufhält; Aufenthaltszeiten vor Stellung des Asylantrages bleiben außer Betracht. § 30 Abs. 5 findet keine Anwendung.

(2) Dem Ehegatten und den ledigen Kindern eines Ausländers, dem nach Absatz 1 eine Aufenthaltsbefugnis erteilt wird, wird eine Aufenthaltsbefugnis erteilt, wenn sie sich im Zeitpunkt des Inkrafttretens dieses Gesetzes auf Grund einer Aufenthaltsgestattung nach dem Asylverfahrensgesetz oder geduldet im Bundesgebiet aufhalten.

(3) Die Absätze 1 und 2 finden keine Anwendung auf Ausländer, die ausgewiesen sind oder die wegen einer vorsätzlichen Straftat rechtskräftig zu Freiheitsstrafe von mehr als sechs Monaten oder zu einer Geldstrafe von mehr als 180 Tagessätzen verurteilt worden sind.

(4) Eine Anordnung der obersten Landesbehörde nach § 32 zur Ausführung der Absätze 1 und 2 bedarf nicht des Einvernehmens mit dem Bundesministerium des Innern.

§ 101 Ausnahmeregelung für Wehrdienstleistende

(1) Einem Ausländer, der rechtmäßig seinen gewöhnlichen Aufenthalt im Bundesgebiet hatte und der sich im Zeitpunkt des Inkrafttretens dieses Gesetzes wegen Erfüllung der gesetzlichen Wehrpflicht in seinem Heimatstaat nicht im Bundesgebiet aufhält, wird unbeschadet des § 16 und abweichend von § 10 in der Regel eine Aufenthaltserlaubnis zur Rückkehr ins Bundesgebiet erteilt, wenn
1. ihm ein Arbeitsplatz zur Verfügung steht oder

2. er zu seinem Ehegatten, seinem minderjährigen ledigen Kind, seinen Eltern oder einem Elternteil, die rechtmäßig ihren gewöhnlichen Aufenthalt im Bundesgebiet haben, zurückkehren will.

(2) Die Aufenthaltserlaubnis wird nur erteilt, wenn der Ausländer den Antrag innerhalb von drei Monaten nach der Entlassung aus dem Wehrdienst stellt und wenn seine Aufenthaltsgenehmigung ausschließlich wegen Ablaufs der Geltungsdauer oder wegen der Dauer des Aufenthalts außerhalb des Bundesgebiets erlischt oder erloschen ist.

§ 102 Übergangsregelung für Verordnungen und Gebühren

(1) In der Verordnung zur Durchführung des Ausländergesetzes in der Fassung der Bekanntmachung vom 29. Juni 1976 (BGBl. I S. 1717), zuletzt geändert durch Verordnung vom 3. Mai 1989 (BGBl. I S. 881), tritt an die Stelle des Wortes »Aufenthaltserlaubnis« jeweils das Wort »Aufenthaltsgenehmigung«.

(2) Die Gebührenverordnung zum Ausländergesetz vom 20. Dezember 1977 (BGBl. I S. 2840) wird mit Ausnahme von § 2 Abs. 2 und §§ 3 und 4 aufgehoben. Bis zum Erlaß einer Gebührenordnung auf Grund des § 81 Abs. 2 werden für die in § 81 Abs. 3 Nr. 1 bis 5 bezeichneten Amtshandlungen Gebühren in Höhe der Hälfte, für Amtshandlungen zugunsten Minderjähriger in Höhe eines Viertels der dort genannten Höchstbeträge erhoben.

§ 103 Einschränkung von Grundrechten

(1) Die Grundrechte der körperlichen Unversehrtheit (Artikel 2 Abs. 2 Satz 1 des Grundgesetzes) und der Freiheit der Person (Artikel 2 Abs. 2 Satz 2 des Grundgesetzes) werden nach Maßgabe dieses Gesetzes eingeschränkt.

(2) Das Verfahren bei Freiheitsentziehungen richtet sich nach dem Gesetz über das gerichtliche Verfahren bei Freiheitsentziehungen. Ist über die Fortdauer der Abschiebungshaft zu entscheiden, so kann das Amtsgericht das Verfahren durch unanfechtbaren Beschluß an das Gericht abgeben, in dessen Bezirk die Abschiebungshaft vollzogen wird.

§ 104 Allgemeine Verwaltungsvorschriften

Das Bundesministerium des Innern erläßt mit Zustimmung des Bundesrates allgemeine Verwaltungsvorschriften zu diesem Gesetz und den auf Grund dieses Gesetzes erlassenen Rechtsverordnungen.

3. AuslG

§ 105 Stadtstaatenklausel

Die Senate der Länder Berlin, Bremen und Hamburg werden ermächtigt, die Vorschriften dieses Gesetzes über die Zuständigkeit von Behörden dem besonderen Verwaltungsaufbau ihrer Länder anzupassen.

§ 106 Berlin-Klausel

(gegenstandslos)